Laßt uns doch die Erde retten

Michael Heinrich

Laßt uns doch die Erde retten

Die besten Vorschläge,
was jeder von uns dazu tun kann

VERLAG MARTIN GREIL GMBH

Dieses Buch widme ich meiner kleinen Sarah Natalie (3).

Für sie und alle anderen Kinder
müssen wir alles tun, um unsere Erde zu retten.

Umschlagzeichnung: Bagnall Studio
Satz: Kurt Schindler, Bild- und Textverarbeitung GmbH, München
Druck und buchbinderische Verarbeitung:
Bercker Graphischer Betrieb GmbH, Kevelaer
ISBN 3-89430-053-1

Inhalt

Einigkeit macht stark

»Laßt uns doch die Erde retten« – eine ganz schön anspruchsvolle Aufgabe, die wir uns da gestellt haben. Doch nur Mut, wir können sie lösen. Denn das Wichtigste zur Bewältigung dieses Problems ist wohl bei jedem von uns vorhanden: der Wille.
Wir wollen doch alle in sauberer Luft leben, nicht immer klagen über den Smog, über Atembeschwerden, über die Abgaswolken der Kraftfahrzeuge, die die Luft verpesten.
Wir wollen doch alle, daß die riesigen Müllmengen bewältigt werden, wollen nicht ständig höhere Müllgebühren bezahlen und dann auch noch durch die giftige Abluft aus der nahen Müllverbrennungsanlage krank werden.
Wir wollen doch alle unbelastetes Wasser trinken, in sauberen Flüssen, Seen und Meeren baden, nicht mehr den sterbenden Robben in ihre klagend aufgerissenen Augen schauen müssen.
Wir wollen doch alle in schönen, grünen Wäldern spazierengehen, Sauerstoff tanken, die Natur genießen können und unseren Kindern und Enkeln dieses Vergnügen auch noch gönnen.
Wir wollen doch alle unser gesundes, gemäßigtes Klima erhalten, wollen nicht eines Tages in einer Öde leben, ohne Regen, mit extrem heißen Sommern, Wintern ohne Eis und Schnee.
Wir wollen doch nicht, daß in bestimmten Regionen immer mehr Menschen an Hautkrebs sterben, daß auch eines Tages wir nicht mehr Sonnenbaden dürfen, ständig eine Sonnenbrille tragen müssen, unsere Pflanzen verkümmern.
Wir wollen doch alle ruhig und ungestört wohnen, ohne Verkehrslärm von der Straße, ohne Rasenmähergeknatter, ohne Nachbars Musik in voller Lautstärke.
Wir wollen also alle, daß sich unsere Lebensbedingungen wieder verbessern, daß unsere Umwelt sauberer, ruhiger, gesünder und schöner wird. Wir wollen die Erde unseren Kindern und Kindes-

kindern so hinterlassen, wie sie die meisten von uns noch vorgefunden haben: mit einer intakten Natur. Wir wollen nicht ständig mit neuen Hiobsbotschaften konfrontiert werden über Algenpest und Robbensterben, über Klimakatastrophe und Ozonloch, über Abfallberge und Tankerkatastrophen, über Waldsterben und Artenschwund, über verseuchtes Trinkwasser und Smogalarm. Jeder will also unsere Erde retten – fangen wir doch an damit!

Halt – werden viele jetzt einwenden –, das ist ja schön und gut, die Erde retten und so, aber ich als einzelner kann doch sowieso nichts erreichen. Was nützt es, wenn ich meinen Müll sortiere, die anderen aber Papier und Plastik weiter in die Tonne werfen? Was bringt es, wenn ich mit dem Fahrrad zur Arbeit fahre, die Straßen aber trotzdem noch voll mit lauten, luftverschmutzenden Autos sind? Was hilft es schon, wenn ich mit dem Trinkwasser sparsam umgehe, während die anderen es vergeuden?

Doch! Es nützt etwas. Sie sind ja nie nur ein einzelner, der etwas ganz Bestimmtes für die Umwelt tut. Es machen immer schon andere dasselbe. Glauben Sie nur nicht, daß Sie der erste waren, der auf die Idee kam, die Wäsche nicht mehr vorzuwaschen, sondern einzuweichen. Und: Es gibt immer Nachahmer. Wenn Sie plötzlich Ihr Altpapier vor der Haustür zum Abholen stapeln, dann sollten Sie mal sehen, wie schnell (fast) das ganze Haus, die Straße, das Viertel, der Ort, die ganze Stadt mitmachen.

Sobald mehrere, nicht nur ein einzelner, etwas zur Rettung unserer Erde tun, summieren sich natürlich auch die positiven Wirkungen. Ein Beispiel: Wenn Sie erkannt haben, daß unser Trinkwasser ein kostbares Naß ist und Sie es viel zu leichtfertig zum Blumengießen und Autowaschen verschwenden, kommen Sie sicher auf die Idee, etwas sparsamer damit umzugehen. Angenommen, Sie verbrauchen pro Tag nur einen Liter weniger, sind das in Ihrem Vier-Personen-Haushalt pro Jahr immerhin schon rund 1500 Liter Wasser. Und wenn jeder Bundesbürger pro Tag nur diesen einen Liter Wasser sparen würde, wären das pro Jahr schon 22 Millionen Kubikmeter Wasser – eine Menge, wie sie die mittelgroße Listertalsperre im Sauerland enthält. Noch nicht überzeugt? Es gibt noch andere Beispiele, etwa die Waschmittel. Sie machen zwar unsere Wäsche sauber, doch der Natur geht es durch sie dreckig. Ihre Inhaltsstoffe gelangen über das Abwasser in unser Grundwasser, in Flüsse und Seen und machen ihnen den Garaus. Wenn Sie künftig Ihre Waschmittel sparsamer dosieren, tragen Sie damit zur Entlastung der Natur bei. Gehen wir einmal davon aus, Sie geben bei jedem Waschgang nur zehn Prozent weniger Waschmittel in Ihre Maschine. Das ist eine Menge, die sich nicht auf die Waschleistung auswirkt, wohl aber auf die Umwelt: Wenn jeder Haushalt diese zehn Prozent Waschmittel spart, gelangen pro Jahr mehr als 3 000 Eisenbahnwaggon-Ladungen Schadstoffe weniger in die Natur, immerhin ein Güterzug von 32 Kilometer Länge.

Kleine Ursache – große Wirkung auch beim Altpapier-Recycling. Wenn Sie nur ein Zehntel des bei Ihnen als Müll anfallenden Papiers (sämtliche Papiere und Pappen, nicht nur Zeitungen und Zeitschriften!) zur Altpapiersammlung oder in den Altpapier-Container bringen, ist das sicher eine bescheidene Menge. Wenn aber alle erwachsenen Bundesbürger das machen, also zehn Prozent der in der Bundesrepublik verbrauchten Papiermenge zu Recycling-Papier wiederverarbeitet wird, müssen sieben Millionen Bäume weniger gefällt werden! Warum soll ich meine Glühbirnen durch moderne Energiesparlampen ersetzen? fragen sich viele. Das ist ganz schön teuer und spart doch nur das bißchen Strom für die Lampen. Ein bißchen Strom? Werden in allen bundesdeutschen Haushalten die herkömmlichen Glühbirnen durch Energiesparlampen ersetzt, wird innerhalb von drei Jahren ein Atomkraftwerk überflüssig.

Haben Sie nicht auch schon mal einen Kanister mit altem Öl einfach in den Ausguß oder in die freie Natur gekippt und leichtfertig gedacht: Ich mach' das sonst nie, ist diesmal nur eine Ausnahme, die kleine Menge Öl wird ja nicht viel anrichten. Von

wegen: Ein Liter Öl kann eine Million Liter Wasser verderben, ungenießbar machen. Es gibt dreißig Millionen Autobesitzer in der Bundesrepublik. Welche Auswirkungen es hat, wenn jeder Hundertste von ihnen einmal im Jahr ausnahmsweise einen Liter Altöl wegkippt, können Sie sich jetzt ja selbst ausrechnen. Da wir gerade beim Thema Auto sind: Sie haben sich sicher auch schon überlegt, ob Sie nicht mit einem in der Nähe wohnenden Kollegen eine Fahrgemeinschaft bilden sollten, damit nur einer mit dem Auto zur Arbeit fahren muß. Ach, denken viele, die paar Kilometer, das spart kaum was. Doch: Wenn in jedem Auto, das täglich zwischen Wohnung und Arbeitsplatz hin und zurück bewegt wird, zwei statt einem Insassen sitzen würden, könnte der tägliche Benzinverbrauch in der BRD um 600 000 Liter gesenkt werden und die Autos würden täglich 1 700 Tonnen weniger Treibhausgase (sie sind für die drohende Klima-Katastrophe verantwortlich) in die Luft pusten!
Sie sehen, es lohnt sich, bei allem, was wir tun, zu überlegen, ob es für unsere Umwelt verträglich ist. Wenn Ihre Hand mit der alten Zeitung schon beim Mülleimer zuckt, wenn Sie überlegen, ob Sie nicht doch schnell mit dem Auto zum nahen Bäcker fahren sollen, oder wenn Sie wieder aus Bequemlichkeit im ganzen Haus das Licht brennen haben – dann sollten Sie sich für den Schutz der Umwelt entscheiden, auch wenn Sie dadurch den unbequemeren Weg in Kauf nehmen. Es lohnt sich: weil auch andere ihre Zeitung recyclen, kurze Strecken mit dem Fahrrad oder zu Fuß zurücklegen oder mit dem Strom sparsam umgehen. Es lohnt sich, aber es muß auch sein. Denn wenn wir uns nicht alle gemeinsam anstrengen, ist uns nicht mehr zu helfen: Unsere Erde kann alleine nicht mehr bewältigen, was wir ihr angetan haben: Waldsterben, Luftverschmutzung, Treibhauseffekt, Ozonloch, Wasserverseuchung und Müllberge bedrohen uns und unsere Umwelt. Wie sehr das alles unserer Erde zu schaffen macht, wie wir sie aber doch noch retten können, schildere ich Ihnen in den nachfolgenden Kapiteln.

Uns steht das Wasser bis zum Hals

Wenn die Bedrohungen, denen unsere Erde ausgesetzt ist, beschrieben werden sollen, muß mit den Gefahren für den größten und wichtigsten Bestandteil unseres Planeten begonnen werden: mit den Gefahren für das Wasser. Wasser ist überall. 71 Prozent der Erdoberfläche sind mit Wasser bedeckt – deshalb erscheint unsere Erde auf Satelliten-Fotos wie ein »blauer Planet«. Insgesamt dürfte auf unserer Erde die nicht mehr vorstellbare Menge von 1,7 Billiarden Kubikmeter Wasser vorhanden sein, das meiste davon Salzwasser. Doch auch die in Eisbergen, Gletschern, Flüssen, Seen und im Grundwasser gespeicherte Süßwassermenge ist riesig – aber vorstellbar: Würde man das gesamte Süßwasser der Erde auf dem Gebiet der Bundesrepublik sammeln, stünde das Wasser 300 Kilometer hoch.

Wasser ist aber auch Leben. Das Leben auf unserem Planeten entstand im Wasser. Dort entwickelten sich aus chemischen Substanzen einfachste Organismen. Heute ist Wasser eine Lebensnotwendigkeit für alle Lebewesen, ob sie im Wasser, auf dem Land oder in der Luft existieren. Der Mensch besteht zu 71 Prozent aus Wasser, sein Gehirn sogar zu 75 Prozent. Wasser ist unser wichtigstes Lebensmittel. Ohne Wasser sterben wir nach wenigen Tagen, ohne feste Nahrung könnten wir dagegen wochenlang auskommen.

Der Kreislauf des Wassers

Daß dieser gigantische, lebenswichtige Wasservorrat nicht verbraucht wird, dafür sorgt der ständige Wasserkreislauf, der

»Motor« unserer Erde. Durch die Sonneneinstrahlung verdunstet das an der Oberfläche der Erde vorhandene Wasser – also das Wasser aus Ozeanen, Seen, Flüssen, Bächen, Gartenteichen, aus dem Boden und sogar aus den Pflanzen. (Und wenn wir schwitzen und dieser Schweiß verdunstet, tragen auch wir zum Wasserkreislauf bei). Aus dem verdunsteten Wasser, dem aufsteigenden Wasserdampf, bilden sich Nebel und vor allem Wolken, die als Regen, Hagel oder Schnee wieder abregnen. Auf jeden Quadratmeter der Bundesrepublik regnen so pro Jahr rund 830 Liter Flüssigkeit – der Inhalt von sechs Badewannen. Über Land versickert das Regenwasser im Boden, wird durch Kies und Sand gereinigt und trifft auf das Grundwasser, das schließlich wieder die Quellen von Bächen und Flüssen speist.
Dieses gigantische Bewässerungssystem hat Millionen von Jahren funktioniert, bis der Mensch zuerst allmählich und behutsam, dann aber immer massiver in dieses System eingriff. Heute ist der Wasserhaushalt der Erde durch Verschmutzung, Verseuchung und Verschwendung stark gefährdet.

SOS - Wasser in Gefahr

Die chemische Formel für Wasser ist längst nicht mehr nur H_2O, sie wird ergänzt durch P, KNO_3, CKW, Pb: Phosphate, Nitrate, Chlorkohlenwasserstoffe und Schwermetalle wie Blei verderben klares, sauberes Wasser vielerorts zu Chemiebrühen. Industrie und Gewerbe, aber auch die Landwirtschaft und jeder einzelne von uns tragen zur Verschmutzung unseres wichtigsten Lebensmittels bei.
Vor allem die Industrie und das Gewerbe setzen unserem Wasser mit giftigen und gefährlichen Stoffen zu: Blei, Quecksilber, Cadmium und andere giftige Schwermetalle verlassen die Fa-

brikschlote und kommen über das Regenwasser ins Grundwasser. Salze aus der Sodaindustrie und dem Bergbau machen das Wasser ungenießbar. Aus Abfall- und Sondermülldeponien sickern giftige Stoffe in das Grundwasser. Chlorierte Kohlenwasserstoffe aus der Metallverarbeitung und chemischen Reinigungen belasten das Grundwasser ebenso wie Trichlorethylen, Perchlorethylen und Methylenchlorid. Die Papierherstellung verunreinigt mit ihren Schadstoffen die Gewässer und verringert deren Sauerstoffgehalt. Die Meere werden als geduldige Mülldeponie mißbraucht, in der Dünnsäure und andere toxische Stoffe verklappt und die bei Tankerunglücken auch noch mit Öl verseucht werden, das Tieren und Pflanzen den Garaus macht. Bestes Grund- und Trinkwasser wird unterschiedslos als Abwasser, Kühl- und Prozeßwasser genutzt und verschmutzt, während die Wasserwerke immer größere Anstrengungen zu seiner Reinigung unternehmen müssen.
Doch auch die Landwirtschaft schießt aus allen Jaucherohren auf unser Wasser: Im Märzen der Bauer den Odel ausfährt. Ausgerechnet der **Land**mann macht die **Natur** kaputt. Einen See, in den man die Münchner Innenstadt bis zu den Turmspitzen der Frauenkirche versenken könnte, bringen die Bauern jährlich – je nach Sprachgebrauch – als Gülle, Jauche oder Odel auf die Felder. Der Bauer hat sich längst daran gewöhnt, die chemische Keule gegen seinen Brötchengeber, die Natur, zu schwingen. 30 000 Tonnen Pestizide, 2 Millionen Tonnen Nitratdünger und 683 000 Tonnen Dünger-Phosphate pro Jahr vergrößern den Agrarüberschuß und verkleinern die Überlebenschancen für unsere Seen und Flüsse.
Eines der schlimmsten Gifte, mit denen die Landwirtschaft das Wasser verseucht, ist Nitrat. Es stammt aus der Jauche sowie aus stickstoffhaltigen Kunstdüngern und gelangt vor allem in landwirtschaftlich intensiv genutzten Gegenden über das Grundwasser ins Trinkwasser. In Bayern sind beispielsweise mehr als zehn Prozent aller Trinkwasserbrunnen höher als mit

den erlaubten 50 Milligramm Nitrat pro Liter belastet. Wobei dieser bundesrepublikanische Grenzwert sehr hoch angesetzt ist, die Weltgesundheitsorganisation empfiehlt als gesundheitlich unbedenklich lediglich 25 Milligramm Nitrat pro Liter. Im menschlichen Körper wird Nitrat zum Teil in Nitrit umgewandelt. Besonders gefährlich ist Nitrit für Säuglinge, da es Sauerstoffmangel im Blut bewirkt und zum Ersticken, der sogenannten Blausucht, führen kann.

Angesichts dieser Gefahren, die unserem Trinkwasser durch die Landwirtschaft drohen, war eine neue Richtlinie der Europäischen Gemeinschaft, die am 1. Oktober 1989 in Kraft trat, ein echter Fortschritt. Sie setzte Höchstwerte: Pro Liter Trinkwasser läßt sie nur noch einen Rest von 0,1 Mikrogramm für ein einzelnes Pflanzenschutzmittel – zum Beispiel das hochgiftige Atrazin – und 0,5 Mikrogramm für alle verschiedenen Mittel zusammen zu. Die chemische Industrie und die Bauern protestierten: Der Wert von 0,1 Mikrogramm sei weit entfernt von jeglicher Gesundheitsgefährdung, er sei eine wissenschaftliche Umschreibung für »eigentlich gar nichts«, diese minimale Menge entspräche überhaupt erst der Nachweisgrenze für Pflanzenschutzmittel im Wasser. Doch die Gesetzgeber in Brüssel wollten es so: Bei Pestizidverunreinigungen soll gelten, daß schon jedes bißchen zuviel ist. Substanzen, die Pflanzenwachstum behindern und Kleinlebewesen vernichten, haben im Grund- und im Trinkwasser nichts zu suchen. Doch der vernünftige, weil konsequente Grenzwert ist, zumindest in der Bundesrepublik, das Papier nicht wert, auf das er gedruckt ist. Anstatt die Brunnen, in denen das Trinkwasser über diesen Grenzwert hinaus belastet ist, zu schließen, erließen die deutschen Behörden kurzerhand Ausnahmegenehmigungen!
Doch wir brauchen wirklich nicht mit dem Zeigefinger auf Industrie, Gewerbe und die Bauern zu zeigen. Was wir in unseren Haushalten in den Ausguß oder in die Toilette kippen, gibt dem

Trinkwasser den Rest. Die kommunalen Kläranlagen können gar nicht wieder reinwaschen, was wir in Küche, Bad und WC dem Abwasser zumuten. Wasch- und Spülmittel mit ihren Tensiden und Phosphaten; Chlor, Salzsäure oder Ammoniak aus Putz- und Reinigungsmitteln – all das ist im wahrsten Wortsinn Gift für unser Wasser. Selbst moderne Klärwerke schaffen es nicht mehr, diesen Dreck auszusieben, vor allem wenn ihre Filter durch achtlos in den Ausguß oder in die Toilette geworfene Speisereste, Zigarettenkippen, Windeln oder Monatsbinden verstopft werden.
Im Garten düngen und spritzen wir Mengen von Chemikalien, die nur zu einem Bruchteil an den Pflanzen oder in der obersten Bodenschicht bleiben. Der Rest wird mit jedem Gießen oder mit jedem Regenguß allmählich, aber unaufhaltsam ins Grundwasser geschwemmt – das Trinkwasser-Reservoir vieler Städte und Gemeinden. Farbe, Lacke und Lösungsmittel vergiften das Wasser. Öl, das bei der verbotenen Autowäsche auf der Straße oder im Wald oder beim achtlosen Entsorgen nach dem Ölwechsel in das Grundwasser gelangt, ist besonders heimtückisch. Ein einziger Tropfen verunreinigt fünfhundert Liter Trinkwasser!
Aber wir verseuchen das Trinkwasser nicht nur, wir verschwenden es auch sinnlos. Von den 145 Litern, die jeder Bundesbürger pro Tag durchschnittlich verbraucht, werden tatsächlich nur drei Liter »getrunken«, also als Getränk oder zur Nahrungszubereitung verwendet. Auch der auf äußerste Reinlichkeit und Hygiene bedachte Mensch braucht zum Duschen, Baden und Händewaschen kein Wasser, das so rein sein muß wie unser Trinkwasser laut Trinkwasserverordnung. Erst recht müßten mit unserem Lebensmittel Nummer 1 keine Autos gewaschen, keine Blumen gegossen und keine Böden geschrubbt werden. In immer mehr Regionen muß wegen dieser Verschwendung des wirklich kostbaren Nasses schon nach kurzen Trockenperioden immer häufiger rationiert werden.

Hier eine Lösung zu finden, ist allerdings nicht Aufgabe des Verbrauchers, sondern der Kommunen. In den USA wurden in vielen Gemeinden erfolgreich doppelte Wasserversorgungsnetze eingeführt: Dabei fließt aus einem Wasserhahn sauberes, aber weniger reines Wasser zum Putzen oder Gießen. Doch auch wir verschwenden wertvolles Trinkwasser, wenn wir ständig baden statt duschen, tropfende Wasserhähne nicht reparieren oder bei der Toilettenspülung keine Spartaste installieren.

Dicke Luft

Luft, das ist eigentlich das für alle Pflanzen, Tiere und Menschen lebenswichtige Gasgemisch, das unsere Erde wie eine Hülle – die Atmosphäre – umgibt und das im wesentlichen aus Stickstoff und Sauerstoff, daneben aus Wasserdampf und kleinsten Mengen von anderen Gasen besteht. Eine klare Sache, unsere Luft – sollte man meinen.
Doch wo immer heute die Luft analysiert wird, finden sich darin nicht unerhebliche Mengen von anderen Stoffen, die eigentlich in der Luft nichts zu suchen haben. Neben den häufig sogar sichtbaren Verunreinigungen wie Ruß oder Flugstaub liest sich die Aufstellung der analysierten Stoffe wie ein Verzeichnis des Inhalts der Giftschränke unserer Chemie: Schwefeldioxid, Stickstoffmono- und -dioxid, Ammoniak, Kohlenmonoxid, Kohlenwasserstoffe und Ozon, ja sogar Chlorwasserstoff, Fluorverbindungen und reines Chlor werden örtlich gefunden.

An dieser Stelle ein klares Wort, auch wenn es manchem weh tut: Das Auto, des Deutschen liebstes Kind, ist (neben der Industrie) nach wie vor der Luftverschmutzer Nummer 1 – trotz Katalysator und Tempolimit. Ich will das Auto keinesfalls verteufeln, es ist eine nützliche Erfindung. Aber: Wir haben schlicht und einfach zuviele Fahrzeuge. Zahlen und Statistiken sind oft schwer zu interpretieren, deshalb ein anschauliches Beispiel: Alle 60 Millionen Bundesbürger (und noch einige mehr) hätten auf den Vordersitzen der in der Bundesrepublik angemeldeten Fahrzeuge Platz (das sind zur Zeit nämlich schon über 32 Millionen)!!!

Die Luftverunreinigungen beschränken sich allerdings nicht mehr auf die Ballungsgebiete der Industriestaaten. Längst gibt es bei uns keine wirklichen »Reinluft-Gebiete« mehr und sogar in weiten Teilen der Dritten Welt stinkt die Luft zum Himmel. Die Ursachen: die ständigen Brandrodungen, die völlig unzureichend gefilterte Luft aus vorsintflutlichen Industriebetrieben und die Abgase stinkender und qualmender Fahrzeuge. Allerdings: Die durch die Menschen verursachten Luftschadstoffe konzentrieren sich zu 90 Prozent auf der nördlichen Halbkugel.

Mit mehr als 4 000 chemischen Stoffen hat der Mensch die Luft angereichert. Jährlich werden bei uns drei Millionen Tonnen Stickoxide (die Hälfte aus Autos), 1,7 Millionen Tonnen Kohlenwasserstoffe (von Autos und der Industrie), zwei Millionen Tonnen Schwefeldioxid (trotz Entschwefelung der Kraftwerke) und 700 000 Tonnen Staub (darunter große Mengen gesundheitschädlicher Schwermetalle) in die Luft geblasen. Aber wen kümmert das? Man schmeckt es nicht, man sieht es selten und häufig riecht man es nicht einmal – weil, je nach Zusammensetzung der Schadstoffe, auch die schmutzigste Luft oft noch klar und durchsichtig ist – außer bei extremen Smoglagen oder unter der Dunstglocke von Großstädten.

Todesursache Luftverschmutzung?

Sichtbar oder spürbar wird die dicke Luft meist erst dann, wenn es bereits zu spät ist, wenn der Mensch krank, der Wald gestorben, die Ozonschicht zerstört, die Atmosphäre aufgeheizt ist und Gebäude und Kunstdenkmäler zerfressen sind.
Eigentlich müßte es auf den amtlichen Totenscheinen längst schon den Vermerk »Todesursache: Luftverschmutzung« geben, doch so kraß wollte es noch kein Arzt ausdrücken. Daß die

Luftverunreinigungen für die Zunahme bestimmter Atemwegserkrankungen und damit auch für die höhere Todesrate in besonders belasteten Gebieten verantwortlich sind, daran zweifelt heute kein Arzt, keine Statistik und auch keine der zahlreichen einschlägigen Untersuchungen des Bundesgesundheitsamtes mehr.

- Es ist nachgewiesen, daß **Schwefeldioxid und die Stickoxide** Reizgase für den Atemtrakt sind. Schon bei Konzentrationen, die weit unter den Werten für Smogalarm liegen, lassen sie das Selbstreinigungssystem von Bronchien und Lungen zusammenbrechen. Besonders Kinder sind selbst bei kleinsten Konzentrationen von Schwefeldioxid und Stickoxiden höchst gefährdet. Die Folgen sind häufige oder dann sogar chronische Halsschmerzen, Hustenanfälle, fiebrige Erkältungen oder Bronchitis.

- Mehrere regionale Untersuchungen, zum Beispiel in der Nähe von Müllverbrennungsanlagen haben gezeigt: Das Risiko, vor allem an **Lungenkrebs** zu erkranken, ist in schadstoffbelasteten Gebieten doppelt so hoch wie in weniger belasteten Regionen.

- Ein hoher **Bleigehalt** in der Luft führt zu Schädigungen am Zentralnervensystem bis hin zum Intelligenzverlust. Die Bleiwerte, die im Blut von Kindern festgestellt wurden, haben in den letzten Jahren erschreckend zugenommen.

- **Cadmium** (entweicht aus den Schornsteinen der Müllverbrennungsanlagen) wird aus der Luft ins Trinkwasser geschwemmt und kann Leber- und Nierenversagen verursachen.

- Oben hui – unten pfui: **Ozon,** in zig Kilometer Höhe die lebenswichtige Sonnenbrille unserer Erde, führt in der Atemluft bereits in geringen Konzentrationen zur Reizung der Augen, zu Brust- und Halsbeschwerden, zu Hustenreiz und einer Verringerung der Leistungsfähigkeit. Immer häufiger mußte in der letzten Zeit in deutschen Großstädten Ozon-Alarm gegeben werden: Kinder sollten nicht mehr im Freien spielen, empfindliche Erwachsene Anstrengungen im Freien vermeiden. Das Gift Ozon entsteht bei längerer Sonneneinstrahlung aus Stickstoffoxiden und reaktiven Kohlenwasserstoffen.

● Eine Studie des Bundesforschungsministerium ergab Anfang 1990, daß in Regionen mit großer Luftverschmutzung die Zahl allergischer Erkrankungen von Kindern eindeutig höher liegt. So wurde festgestellt, daß es in Gebieten mit hohem Verkehrsaufkommen bei den untersuchten sechsjährigen Kindern eindeutig mehr Pollenallergien (Heuschnupfen) gab als im Durchschnitt.

Aber nicht nur uns Menschen bleibt immer mehr die Luft weg, auch Gebäuden und den im Freien befindlichen Kunstgegenständen macht die dicke Luft zu schaffen. Viel schneller und intensiver als der Zahn der Zeit nagen saurer Regen und Kohlendioxid an Häusern, Brücken, an Kirchen und Steinfiguren. Auf mindestens vier Milliarden Mark pro Jahr schätzt die Bundesregierung die umweltbedingten Schäden an Gebäuden.

Schadstoffbelastung in Innenräumen

Doch wer glaubt, daß wegen der dicken Luft im Freien Stubenhocker gesünder leben, hat sich getäuscht. Die Schadstoffbelastung der Luft in Innenräumen – bis vor einigen Jahren kaum beachtet – ist nach neuesten Untersuchungen oft größer als draußen und auf jeden Fall nicht weniger gesundheitsschädlich.

Die Luft im Wohnzimmer ist häufig schlechter als an der vielbefahrenen Straße vor dem Haus – dabei verbringen wir 90 Prozent unserer Zeit in Räumen. Die Sorge um gute Luft in den Innenräumen sollte also unsere größte sein.
Vom imprägnierten Holz für die Wandverkleidung bis zum Backofenspray, von der Wandfarbe bis zur Möbelpolitur, von Spanplatten bis zum WC-Reiniger verwenden wir in unseren vier Wänden Materialien und Produkte, die teilweise aggressive Schadstoffe an die Raumluft abgeben und deren gesundheitsschädliche Wirkung noch gar nicht voll erforscht ist: Formaldehyd aus Spanplatten, Asbest aus Fertigbauteilen, PCP aus Holzschutzmitteln, Vinylchlorid aus PVC-Böden, für Allergien verantwortliche Hausstaubmilben aus Teppichböden, PER aus frisch gereinigter Kleidung, Salzsäure aus WC-Reinigern, Ameisensäure aus Entkalkungsmitteln, Lindan aus Insektensprays – das hält die beste Luft nicht aus.
Last, but not least: Lassen Sie sich keinen blauen Dunst vormachen. Zigarettenrauch ist wohl die wesentlichste Ursache für die Belastung der Luft in Wohnräumen, Büros, Restaurants und Autos. Und daß Raucher ihre eigene Gesundheit gefährden, ist nicht einmal ihre eigene Sache: Die Behandlung von typischen Raucherkrankheiten wie Bronchitis, Herz- und Kreislauferkrankungen oder Lungenkrebs kostet die Volkswirtschaft, also uns Steuer- und Krankenkassenbeitrags-Zahler jährlich viele Millionen Mark. Noch schlimmer aber ist, daß die Schadstoffe aus dem Zigarettenrauch (u.a. Cadmium, Arsen, Blausäure, Kohlenmonoxid, Formaldehyd, Nikotin und Teer) auch bei Nichtrauchern zu erheblichen gesundheitlichen Schäden führen können. Untersuchungen haben eindeutig ergeben, daß Nichtraucher, die sich gemeinsam mit Rauchern in einem Zimmer aufhalten, durch dieses Passivrauchen ebenfalls wesentlich häufiger an Krebs oder Herzleiden erkranken.

O du kranker deutscher Wald

Auch eine Umweltkatastrophe kann ihre positiven Seiten haben: Ohne das verheerende Waldsterben, das seit ungefähr zehn Jahren beobachtet und beachtet wird, wäre wohl die Umweltdiskussion bei uns erst viel später in Gang gekommen. Sicher, das Reaktorunglück von Tschernobyl hat viele Menschen zutiefst geängstigt, viele aus ihrer Lethargie gerissen. Doch in ihrem Empfinden und in ihren Gefühlen hat es vor allem die Menschen in der Bundesrepublik tiefer getroffen, als das ganze Ausmaß des Waldsterbens bekannt wurde. Schließlich bedeutet der Wald für uns mehr als die Summe seiner Bäume, er drückt ein Lebensgefühl aus, wird besungen, romantisch verklärt, gehegt, gepflegt, benutzt, erwandert, erlaufen, erspielt.

Der Wald: Wirtschaftsfaktor, Lebensraum, Klimapuffer

Doch der Wald ist nicht nur zu unserer Erbauung und Freizeitgestaltung da, er ist ein höchst wichtiger Wirtschaftsfaktor. Die Forstwirtschaft zieht aus den Wäldern in der Bundesrepublik jährlich rund 3,5 Milliarden Mark und beschäftigt etwa 56 000 Menschen direkt. In der Holzwirtschaft, die jährlich über 80 Milliarden Mark umsetzt, arbeiten zusätzlich fast 500 000 Menschen.

Der Wald ist aber auch wichtiger Lebensraum für unzählige Tier- und Pflanzenarten. Und vor allem: Er ist für uns lebensnotwendig. Bäume wirken wie eine natürliche Klimaanlage und sind unersetzliche Wasserspeicher. Eine rund 100 Jahre alte Buche bindet, so hat der Kybernetiker Frederic Vester ausgerechnet, pro Jahr etwa 30 000 Liter Wasser an den Boden, soviel, wie 27 Menschen im selben Zeitraum zum Trinken und Kochen verbrauchen. Dieselbe Buche produziert in zwölf Monaten 4,6 Tonnen Sauerstoff, die Menge, die zehn Menschen zum Atmen brauchen, sie schluckt 6,3 Tonnen Kohlendioxid und kann 700 Kilogramm Staub binden. Erstaunliche Leistungen, die aber nicht nur Zahlenspiele sind.

Die Schutzfunktionen des Waldes

Seine Speicherfähigkeit macht den Wald zu einem wichtigen Regulator unseres Wasserhaushalts. Jeder Quadratmeter Waldboden kann bis zu 200 Liter Wasser speichern und gibt sie nur langsam und gut gefiltert an das Grundwasser ab. Das schattige, kühle Klima des Waldes verzögert die Verdunstung des Wassers und bewahrt den Boden bei Hitze vor dem Austrocknen. Ohne den Wald wären weite Gebiete bei uns unfruchtbares Ödland, ähnlich den ehemals bewaldeten und dann abgeholzten Macchien, Garrigues und anderen Buschlandschaften im Mittelmeerraum.
Eng verbunden mit der Speicherfähigkeit ist der Schutz vor Erosion, im Gebirge vor Lawinen und Erdrutschen. Infolge seiner hohen Saugfähigkeit an der Bodenoberfläche vermindert der Waldboden den Abfluß des Wassers und damit die Abschwemmung von Erdreich und Geröll in Bäche und Flüsse. Besonders wichtig ist dieser Erosionsschutz in den Bergen. Die weitverzweigten Wurzeln des Bergwaldes halten das Erdreich regelrecht fest und können dadurch die gefürchteten Muren und Bergrutsche stoppen. Im Winter verhindert der Bergwald die Entstehung und den Abgang von Lawinen, seine Schutzfunktion ist damit für manche Alpenregion und die dort ansässigen Menschen lebenswichtig.

Insbesondere in der Nähe von größeren Gemeinden, Städten und Ballungsgebieten ist die ausgleichende Wirkung des Waldes auf das Klima von besonderer Bedeutung. In kalten Winternächten und an heißen Sommertagen herrschen im Wald und dessen Umgebung wesentlich erträglichere Temperaturen. Viele Städteplaner achten darauf, daß Luftschneisen nicht verbaut werden, in denen sich der Luftaustausch zwischen Wäldern beziehungsweise großen Parks und bebauten Gebieten vollziehen kann.
Noch eine weitere, kaum beachtete, aber wichtige Schutzfunktion erfüllt der Wald: Wälder sind die besten und natürlichsten Lärmschutzwälle. Der Schall bricht sich an Zweigen, Blättern und Stämmen und wird dadurch gedämpft. Der Lärm einer stark befahrenen Autobahn kann beispielsweise durch einen nur 250 Meter breiten Waldstreifen auf ein für Wohnungsgebiete erträgliches Maß reduziert werden.

Das alles konnte nur andeuten, wie wichtig der Wald für unsere Erde, für uns alle ist. Doch wie gehen wir mit ihm um: In der Bundesrepublik ist im Schnitt mehr als jeder zweite Baum geschädigt oder krank. In manchen besonders betroffenen Gebieten bestehen die Wälder fast nur noch aus kahlen Baumstrünken. Manche Baumarten gehören inzwischen bereits zu den vom Aussterben bedrohten Pflanzen, deren Samen in speziellen Labors für hoffentlich bessere Zeiten konserviert wird. 85 Prozent der Tannen, 55 Prozent der Eichen und über die Hälfte der Buchen sind eindeutig geschädigt.

Was den Wald krank macht

Bei uns stirbt der Wald, in den Tropen wird er gemordet. Durch Brandrodung und kommerzielle Nutzung (auch für unsere

Teakholz-Brettchen!!!) wurde der einst üppige Regenwaldgürtel entlang des Äquators auf die Hälfte reduziert. Allein im brasilianischen Amazonasgebiet verschwindet nach neuesten Zahlen jährlich eine Waldfläche von 470000 Quadratkilometern – das entspricht der fast doppelten Größe der Bundesrepublik –, was ungeheure Folgen für das Weltklima und den Treibhauseffekt nach sich zieht.
Das sind nüchterne Fakten und trockene Zahlen. Doch wer einmal Gelegenheit hatte, mit einem Förster oder einem Biologen durch ein beliebiges Stück Wald zu gehen, wer die Schadbilder der einzelnen Baumarten kennt und wer mit offenen Augen durch den Wald geht, für den ist das Waldsterben nicht statistisches Zahlenmaterial, den rührt das Wald-**sterben** wirklich ans Herz.
Mir schaudert es oft bei dem Gedanken, wie der Wald einmal in zwanzig, dreißig oder gar in fünfzig Jahren aussehen könnte. Werden unsere Kinder den Wald nur noch von unseren Fotografien kennen, wird es bis dahin wohlbehütete, überdachte Wald-Museen geben, mit horrenden Einrittspreisen und Vogelgezwitscher aus dem Kassettenrecorder? Nein, mache ich mir dann Mut: Wenn wir alle zusammen etwas tun, kann das unseren Wald auch wieder kurieren.

Um zu wissen, wie wir den Wald retten können, müssen wir zuerst einmal wissen, was den Wald eigentlich krank macht. Nahezu kein Thema auf dem Sektor Umwelt ist in den vergangenen Jahren kontroverser, heftiger, unversöhnlicher und anhaltender diskutiert worden als die Ursachen des Waldsterbens. Als vor zehn Jahren die ersten massiven Anzeichen des Waldsterbens beobachtet wurden, da war es zunächst der »Saure Regen«, der als allein Schuldiger angeprangert wurde. Dann vermutete man das Ozon als Ursache, die radioaktive Strahlung, schließlich sogar den Borkenkäfer, Pilzkrankheiten und endlich war das Wetter der Sündenbock: Die Bäume hatten die Klimakapriolen von verregneten Sommern und zu trockenen Wintern, dann zu trockenen Sommern und zu kalten Wintern nicht vertragen. Die Abwiegler unter den Ursachenforschern hielten das Waldsterben nur für aufgebauscht, sprachen von periodischen Schwankungen und davon, daß schon in früheren Jahrhunderten der Wald phasenweise krank gewesen sei und sich auch diesmal wieder erholen werde.

Tat er aber nicht. Und allmählich kristallisierte sich heraus, daß ein Zusammenwirken von mehreren Streßfaktoren für das Absterben der Bäume verantwortlich ist. Der Saure Regen ist aber unbestritten die Hauptursache. Er entsteht dadurch, daß sich die in der Luft in zunehmendem Maße vorhandenen Schadstoffe Schwefeldioxid und Stickoxide mit Wasser zu ätzenden Säuren verbinden. Diese dringen oberirdisch über Blätter und Nadeln, unterirdisch über die Wurzeln in den Baum ein, wodurch die Zellen nachhaltig geschädigt werden.

Doch der Saure Regen hat noch eine weitere, zunächst zu wenig beachtete Wirkung: Er setzt das für die Bäume giftige Aluminium und Schwermetalle im Boden frei, die wiederum die Wurzeln schädigen. Nicht genug: Durch die Versauerung des Bodens werden für die Bäume lebenswichtige Nährstoffe wie Calcium und Magnesium ausgewaschen, die Folge ist eine Mangelernährung, die an der Verfärbung der Nadeln und Blätter, der Braunfärbung, zu erkennen ist.

Doch der Wald hat im »Luftkrieg« noch andere Gegner, andere Schadstoffe, die ihm zusetzen. So das vielzitierte Ozon, ein Gift, das uns nur in hohen Luftschichten (30 Kilometer über der Erde) vor den UV-Strahlen schützt, am Boden aber schädlich ist – übrigens auch für uns Menschen. Es entsteht – vor allem im Sommer – unter der Einwirkung von Sonnenlicht aus Stickoxiden und reaktiven Kohlenwasserstoffen und verätzt Nadeln und Blätter.

Sind die Bäume erst einmal durch das Zusammenwirken mehrerer Gifte geschwächt, werden sie natürlich auch anfällig für

Schäden, die ein gesunder Baumbestand noch verkraften kann: Borkenkäfer- oder anderer Insektenbefall, Pilzkrankheiten, Frost, Trockenheit, aber auch starke Stürme und Orkane erweisen sich dann als Streßfaktoren, die dem Wald zusetzen. Eine zusätzliche Bedrohung für den Wald bedeutet auch der in erster Linie durch die steigende Kohlendioxidbelastung entstehende Treibhauseffekt. Er ist die Ursache für die in unseren Breiten drohenden Trockenperioden, die der Wald nur unter großen Einbußen überleben wird.

Wie retten wir den Wald?

Was können wir tun, um unseren Wald zu retten? Die Antwort ist so klar, wie bei keiner anderen Bedrohung unserer Umwelt: **Weniger Auto fahren.** Hauptverursacher des Waldsterbens sind die für den Sauren Regen und das verstärkte Auftreten von Ozon verantwortlichen Stickoxide, die zu zwei Dritteln aus den Auspuffen unserer Autos stammen, der Rest aus Industrieanlagen und von Kraftwerken. Trotz zahlreicher Maßnahmen zur Luftreinhaltung stieg der Gesamtausstoß an Stickoxid 1989 noch einmal auf über 3 Millionen Tonnen an.
Daß immer mehr neue Autos mit einem Katalysator ausgerüstet sind, wird sich sicher einmal positiv auswirken. Allerdings nur, wenn auch die vielen alten Fahrzeuge ohne Kat umgerüstet oder aus dem Verkehr gezogen sind und wenn der verringerte Ausstoß an Schadstoffen nicht durch die große Zahl an Neuzulassungen, durch gestiegene Fahrleistungen und durch erhöhte Fahrgeschwindigkeiten aufgeholt wird. Der Kat allein ist auch deswegen kein Allheilmittel gegen das Waldsterben, weil ein Auto mit Katalysator keine geringere Menge des Treibhausgases Kohlendioxid produziert als ein Wagen ohne Abgasreinigung.

Ohne großen technischen und verwaltungsmäßigen Aufwand kann jeder von uns den Ausstoß von Stickoxiden reduzieren und damit den Wald zwar noch nicht heilen, ihn aber auf den Weg der Besserung bringen: Wir müssen uns an ein freiwilliges Tempolimit von 100 Stundenkilometern auf Autobahnen, 80 km/h auf Landstraßen und von 30 km/h auf innerstädtischen Wohnstraßen halten. Wenn alle mitmachen, verringert das den Stickoxid-Ausstoß um immerhin 15 Prozent. Und ein Zweites: Wir müssen in den Ballungsgebieten und Städten verstärkt den öffentlichen Personennahverkehr, also Busse, Straßenbahnen, U- und S-Bahnen benutzen. Wird das vorhandene Angebot an öffentlichen Verkehrsmitteln von allen besser genutzt, wird unsere Luft sauberer – und wir haben damit viele Bäume gerettet.

Kein prima Klima

Am 25. Februar 1990 war wieder so ein Tag: Wir saßen mit Freunden bei strahlendem Sonnenschein in einem Biergarten in der Nähe von München. Es war warm, fast heiß, wir hatten unsere Jacken ausgezogen, die Ärmel hochgekrempelt, genossen das kühle Bier, die leckere Brotzeit. Der Blick schweifte über das bayerische Voralpenland: Die Wiesen standen im ersten Grün, es blühten Löwenzahn und Gänseblümchen, Bäume und Büsche trieben bereits Knospen aus. Nur ganz in der Ferne, auf den mehr als 2000 Meter hohen Bergen des Alpenhauptkammes, lag noch Schnee – und zwar in größeren Mengen –, wie er der Jahreszeit entsprechend eigentlich auch noch hier in den Tälern hätte liegen müssen. Der Februar gilt, nein, besser galt, in dieser Region als besonders rauher Geselle mit viel Schnee und Temperaturen, die auch noch unter 20 Grad minus absinken konnten.

Klimakatastrophe im Anmarsch?

Dieser Februartag mit einer – vom Münchner Wetteramt gemessenen – Höchsttemperatur von 22 Grad C, war wieder so ein Tag, an dem man sich über den von den Metereologen so befürchteten Klimaumschwung eigentlich nur freuen konnte. Schließlich war es der dritte warme Winter hintereinander, in dem erneut die Wärmerekorde purzelten – eine Tatsache, der sogar die enttäuschten Skifahrer allmählich auch gute Seiten abgewinnen konnten.

Und erst die letzten Sommer: Waren sie nicht ebenfalls ungewöhnlich trocken und warm? Das wird uns auch von den Klima-

forschern bestätigt. Die sechs heißesten Sommer der letzten 100 Jahre (also seit es regelmäßige Wetteraufzeichnungen gibt) lagen alle in den zu Ende gegangenen 80er Jahren. Und da reden die Wetterfrösche von einer Klima-»Katastrophe« ??!! Wollen sie uns das schöne Wetter eigentlich vermiesen?
Ich fürchte, nein. Denn außer unseren milden Wintern und schönen Sommern beobachtete man weltweit auch Wetterlagen, die zu schlimmster Besorgnis Anlaß geben. Es ist einfach nicht mehr mit den üblichen Wetterkapriolen zu erklären, daß

- im Frühjahr 1990 in Mitteleuropa ein Orkan nach dem anderen wütete, von denen die beiden schlimmsten, namens »Vivien« und »Wibke«, in manchen Gegenden mehr als die Hälfte der Wälder abrasierten;

- 1988 in weiten Regionen der USA, aber auch in der Sowjetunion, in China und in Indien die Vegetation vertrocknete. Die für die Welternährung so wichtige Weizenernte der Vereinigten Staaten (von ihr sind 100 Staaten abhängig) erlitt dadurch dramatische Einbußen von 31 Prozent (Kanada 27 Prozent). Die betroffenen landwirtschaftlichen Gebiete werden sich von diesem Dürreschock auch nicht so schnell erholen, der Grundwasserspiegel sank in diesen Regionen erheblich ab;

- im gleichen Jahr in Bangladesch und im Sudan rund 25 Millionen Menschen auch deshalb obdachlos geworden waren, weil die Zahl der Überschwemmungen aufgrund klimatischer Einflüsse zugenommen und die verheerenden Hochwasser wesentlich größere Dimensionen erreicht hatten;

- die Dürre in der Sahelzone nun bereits seit 1968 in vorher nicht gekanntem Ausmaß anhält. Dort schiebt sich die Wüste Meter für Meter, Kilometer für Kilometer in einst fruchtbare Landstriche vor.

Weil Wissenschaftler ja immer sehr vorsichtig mit ihren Feststellungen sind, findet sich noch kein Klimaforscher zu dieser eindeutigen Erklärung bereit: Ja, dieses Ereignis ist der Beweis dafür, daß die Klimakatastrophe im Anmarsch ist. Doch fast alle sind beunruhigt über die Häufung der Wetterextreme und meinen: Ja, so »verrückt« könnte das Wetter ständig spielen, wenn einmal der Klimaumschwung begonnen hat.
Weniger vorsichtig äußern sich da die Computer der Metereologen in aller Welt, die die rund um unseren Globus gesammelten Wetterdaten zusammentragen und zu sogenannten Klimamodellen auswerten. Sie behaupten klipp und klar: Innerhalb der nächsten 40 oder 50 Jahre wird sich in unseren gemäßigten Breiten die durchschnittliche Jahrestemperatur um mindestens 1,5 Grad, wahrscheinlich aber um 3 bis 4 Grad erhöhen. Gleichzeitig wird der Meeresspiegel weltweit ansteigen: Hier schwanken die Schätzungen der Computer zwischen einem Meter in den nächsten 100 Jahren und 1,5 Meter in nur 50 Jahren.

Vom Treibhauseffekt zur Klimaerwärmung

1,5 bis 4 Grad Temperaturerhöhung, das ist doch nicht viel, wird manch einer da entgegenhalten. Doch unsere Erde reagiert höchst empfindlich bereits auf geringste Temperaturschwankungen. Christian-Dietrich Schönwiese vom Metereologischen Institut der Universität Frankfurt kann mit Beispielen aufwarten: »Eine Erhöhung der durchschnittlichen Jahrestemperatur von nur 0,1 bis 0,2 Grad führt in der Sahelzone bei gleichbleibendem Niederschlag beispielsweise dazu, daß sich die Wüste um 100 Kilometer ausdehnt. Nur ein halbes Grad mehr verlängert in England die Vegetationszeit um etwa 14 Tage.« Die Er-

höhung um ein Grad kann verheerende Folgen haben, wenn es vier Wochen nicht regnet oder nur wenig regnet – in unseren Breiten durchaus keine Seltenheit: eine regelrechte Dürrekatastrophe mit Ernteeinbußen bis zu 80 Prozent wäre die Folge. Um 4 bis 5 Grad niedrigere Durchschnittstemperaturen haben auf dem Höhepunkt der letzten Eiszeit vor ungefähr 18 000 Jahren dazu geführt, daß sich die Eismassen vom Nordpolargebiet bis nach Hamburg und über Berlin hinaus vorgeschoben haben.
Diese Beispiele machen deutlich, warum den Klimaforschern so bange ist vor den – dem Laien relativ gering erscheinenden – Temperaturerhöhungen.

Ursache für die Erwärmung unseres Klimas ist der sogenannte Treibhauseffekt: Bis in eine Höhe von ungefähr zehn Kilometern wird die Erde von der sogenannten Troposphäre umhüllt, einer Luftschicht, in der sich praktisch alle auf der Erde vorkommenden Gase wie unter einer Käseglocke sammeln. Diese Gase haben nun die Eigenschaft, das kurzwellige Sonnenlicht ungehindert auf die Erdoberfläche strahlen zu lassen, die von dort zurückkommende langwellige Wärmestrahlung aber zu reflektieren. Das Sonnenlicht kann also – wie in einem Treibhaus – in das Innere eindringen, die Wärme aber nicht nach draußen entweichen.
Grundsätzlich ist dieser Treibhauseffekt, an dem hauptsächlich Wasserdampf und Kohlendioxid beteiligt sind, sehr wichtig für uns und die Erde. Ohne ihn gäbe es kein Leben auf unserem Planeten, weil die durchschnittliche Lufttemperatur an der Erdoberfläche anstatt plus 15 nur etwa minus 15 Grad Celsius betragen würde.
Bis vor ungefähr 100 Jahren war dieser Treibhauseffekt in einem wunderbaren Gleichgewicht. Doch dann hat sich durch die Industrialisierung die Menge der auf der Erde natürlich vorhandenen »Treibhausgase« enorm vermehrt, was die Erde erst ganz allmählich, dann aber immer schneller aufheizte.

Die wichtigsten, am Treibhauseffekt beteiligten Gase sind:
– Kohlendioxid (CO_2). Es ist zu 50 Prozent am Treibhauseffekt beteiligt und entsteht bei der Verbrennung von Kohle, Gas, Öl, Holz und anderer Biomasse; CO_2 entweicht bei der Zementproduktion und aus Vulkanen. Statistisch gesehen jagt jeder Erdenbürger eine Tonne Kohlendioxid pro Jahr in die Luft. Nicht zu unterschätzen ist dabei die Freisetzung von Kohlendioxid durch die Brandrodung der tropischen Regenwälder. Dadurch entstehen riesige Mengen dieses Gases (immerhin verbrennt pro Jahr eine Fläche Urwald, die fast doppelt so groß ist wie die Bundesrepublik) und: diese Bäume fehlen als wichtige Kohlendioxid-Verbraucher.
– Methan (CH_4, zu 20 Prozent beteiligt). Es entsteht dort, wo Bakterien feuchte Biomasse zersetzen, entweicht also aus Müllkippen, Sümpfen, Reisfeldern, bei der »Arbeit« von Termiten und, nicht zuletzt, aus den Mägen von Rindern. Aus dem Magen einer gut genährten Kuh können pro Tag immerhin 120 Liter Methan entweichen. In Anbetracht der – wegen unseres Heißhungers auf Fleisch – weiter steigenden Zahl von 1,2 Milliarden Rindern auf der Erde wahrlich kein Pappenstiel.
– Fluorchlorkohlenwasserstoffe (FCKW, zu 17 Prozent). Sie sind besonders beängstigend, weil sie nicht natürlich vorkommen und ein einziges FCKW-Molekül wirksamer ist als 10000 Kohlendioxid-Moleküle (siehe auch Seite 40 bis 41).

Ein Blick in die Zukunft

Wie wird nun unsere Erde in 50 bis 100 Jahren aussehen, wenn die erwarteten Klimaverschiebungen eintreten? Mit diesen Prognosen tun sich die Forscher und ihre Computer sehr schwer. Denn für das Klima und für die Vegetation ist nicht allein die Durchschnittstemperatur entscheidend, sondern auch

die Niederschläge. Und diese lassen sich besonders schwer vorhersagen. Bei einer Temperaturerhöhung sind zwar eine Erwärmung der Meere und damit ein Wasserdampfanstieg mit vermehrter Wolkenbildung und mehr Regen zu erwarten. Doch die Abholzung des tropischen Regenwaldes kann diese Erwartungen zunichte machen. Der Raubbau am Tropenwald (die Hälfte ist bereits vernichtet) hat längst ein klimawirksames Ausmaß erreicht und führt in den Tropen und den angrenzenden Gebieten (also beispielsweise in der Sahelzone) zu einem dramatischen Rückgang der Niederschläge bis zu 40 Prozent.
Es wird also damit gerechnet, daß sich in den nächsten 50 Jahren die großen Klimazonen auf der Erde um 300 bis 600 Kilometer polwärts verschieben werden. Bei uns hätte das dann beispielsweise zur Folge, daß die großen Trockengebiete, der Wüstengürtel Nordafrikas, ins Mittelmeergebiet vorrücken. Verheerende Auswirkungen für die Welternährung hätte dies in Nordamerika, wo die Wüstenzone den Mittleren Westen erfassen würde und damit die Kornkammer für weite Teile der Welt.
In unseren Breiten würde Mittelmeerklima herrschen – nur auf den ersten Blick eine verlockende Wetteraussicht, denn: Unsere Landwirtschaft ist auf die relativ ausgiebigen Niederschläge angewiesen, viele unserer Feld- und Gartenfrüchte können bei mediterranen Verhältnissen gar nicht oder nicht im ausreichenden Maße gedeihen, und vor allem den Kühen wäre es zu heiß. Wir müßten plötzlich Kartoffeln und Weizen, Mais und Rindfleisch importieren – für die Volkswirtschaft eine kaum zu verkraftende Umstellung.
Manche Länder werden, zumindest teilweise, von dieser gigantischen Klimaverschiebung profitieren. In den feuchttropischen Ländern Asiens könnten sich beispielsweise die Anbaubedingungen für Reis verbessern. In Skandinavien, Sibirien und in Nordkanada würden durch die Verschiebung der Dauerfrostgrenze nach Norden unwirtliche Tundren zu fruchtbarem Ackerland.

Gibt es beim Klima noch einige Unwägbarkeiten, so sind sich die Forscher über einen Anstieg des Meeresspiegels als Folge des Treibhauseffektes ganz sicher. Durch die – bisher aber nur allmähliche – Aufheizung der Atmosphäre, praktisch seit Beginn der Industrialisierung, erwärmten sich auch die Ozeane. Warmes Wasser dehnt sich aus, und so stieg der Meeresspiegel in den zurückliegenden hundert Jahren um etwa 25 Zentimeter. Der deutsche Klima-»Papst«, Hermann Flohn, vom Meteorologischen Institut der Universität Bonn befürchtet: »Dieser Prozeß wird sich in der Zukunft verstärken.«
Bis zum Jahr 2040 wird der Meeresspiegel um 30 Zentimeter ansteigen, da sind sich die Klimaforscher ganz sicher, vielleicht sogar um 70 bis 170 Zentimeter. Das wird nicht ohne Folgen bleiben; in manchen Regionen, in denen sich gleichzeitig die Landmasse anhebt (Südamerika, Westeuropa), werden sie geringer, in Gegenden, in denen gleichzeitig das Festland absinkt (Indischer Subkontinent), werden sie stärker sein. Der Anstieg um 30 Zentimeter wird die Hälfte der Weltbevölkerung treffen, denn sie konzentriert sich auf eine 60 Kilometer breite Landzone entlang der Küsten. Für Küstenstädte wie Alexandria, Schanghai, Osaka, Dakar, Rio de Janeiro oder New Orleans wird die einstige Lebensgrundlage Meer damit zur Bedrohung.
Während in den reichen Ländern die für den Küstenschutz zuständigen Behörden bereits aufwendige Eindeichungs- beziehungsweise Deicherhöhungsprogramme ins Auge fassen (die USA müßten dafür zum Beispiel rund 200 Milliarden (!) Mark bereitstellen), werden die betroffenen Einwohner in den ärmeren Ländern vor den nahenden Meeresfluten fliehen müssen. In Bangladesch etwa, das ja eigentlich nur eine Insel im größten Flußdelta der Welt ist, würden bei einem Anstieg des Wassers um einen Meter – und das liegt durchaus im Bereich des Möglichen – zehn Prozent der Landfläche unter den Fluten versinken, immerhin die Heimat von 20 Millionen Menschen.

Ist das alles wirklich nicht mehr zu verhindern? Treiben wir unaufhaltsam in die Klimakatastrophe? Nein, ist die Antwort der Forscher, unter der Voraussetzung, daß sofort Maßnahmen ergriffen werden und der Ausstoß der treibhauswirksamen Gase gestoppt wird.
Was jeder einzelne dazu beitragen kann, lesen Sie bitte im Serviceteil des Buches. Doch leider reicht das allein nicht mehr aus, dazu ist unser Treibhaus Erde schon zu stark aufgeheizt. Hier ist die Politik gefordert (und muß von uns gezwungen werden), energiesparende Maßnahmen und Techniken per Gesetz vorzuschreiben. Sie muß die Umstellung auf erneuerbare Energien fördern (Sonne, Wasser, Wind), sie muß den umweltfreundlichen Transport auf der Schiene subventionieren, sie muß die Entwicklung von Technologien finanzieren, die dem Schutz des Klimas und damit der Rettung der Erde dienen.

Ozon – Gefahr aus heiterem Himmel

Was tun Sie, wenn Sie merken, daß das Glas Ihrer Sonnenbrille kaputt ist? Richtig, Sie lassen sie reparieren, um Ihre Augen nicht der gefährlichen Sonnenstrahlung auszusetzen. Wie verhalten Sie sich, wenn Sie im Urlaub merken, daß Ihre Haut die intensive Sonnenbestrahlung am Strand nicht verträgt, sich vielleicht sogar schon zu röten beginnt? Richtig, Sie besorgen sich ein Sonnenschutzmittel und cremen Ihre Haut damit ein, um sie vor der ultravioletten Stahlung zu schützen.
Auch unsere Erde benutzt ein »Sonnenschutzmittel«, eine riesige, sie kugelförmig umgebende »Sonnenbrille« – die Ozonschicht. Es ist ein raffiniertes Wunderwerk der Natur, was sich da in einer Höhe zwischen 15 und 30 Kilometern über der Erdoberfläche aufgebaut hat und unseren Planeten erst bewohnbar macht, weil es die alles Leben bedrohende, harte UV-B-Strahlung aus dem Sonnenlicht zu großen Teilen ausfiltert.
In dieser Schicht befindet sich nämlich das aus drei Sauerstoffatomen aufgebaute Gas Ozon (O_3), das die kurzwelligen Anteile am ultravioletten Licht der Sonne abfangen kann. Daß das Ozon bei dieser »Photodissoziation« genannten Reaktion zerfällt, ist ohne Bedeutung, denn – und das ist das Raffinierte dabei – die Bruchstücke setzen sich wieder zu Ozon zusammen. Es bedarf nicht sehr vieler Ozon-Moleküle, um unsere Erde vor irreparablen Schäden an Pflanzen und Lebewesen zu schützen: Könnte die gesamte Ozonbarriere auf Normaldruck in Bodennähe zusammengezogen werden, ergäbe das nur eine Schicht von wenigen Millimetern Stärke.

Vom Wundermittel zum Ozonkiller: FCKW

Ein vom Menschen entwickeltes Produkt ist nun aber nahe daran, diese lebenswichtige, doch sehr empfindliche Schutzschicht dauerhaft zu beschädigen: die 1928 von Wissenschaftlern des amerikanischen Konzerns General Motors entdeckten Fluor-Chlor-Kohlenwasserstoffe, kurz FCKW genannt. Bis vor wenigen Jahren galten sie als nahezu universelles, vor allem jedoch harmloses Wundermittel: Für den Menschen nicht direkt schädlich, können Fluor-Chlor-Kohlenwasserstoffe als Löse- und Treibmittel in Spraydosen, zum Blähen und Schäumen von Kunststoffen, als flüssiges Kältemittel in Kühl- und Klimaanlagen sowie als Präzisionsreinigungsmittel zum Lösen von Fetten und Ölen verwendet werden.

Doch schon 1974 warnten die ersten amerikanischen Wissenschaftler, das Wundermittel FCKW könne *der* Ozonkiller sein. Heute wird das zwar nicht mehr bezweifelt, für eine Rettung der Ozonschicht könnte es aber fast schon zu spät sein. Denn das bei uns aus rund 600 Millionen Spraydosen (die derzeit Jahr für Jahr in unsere Haushalte wandern), Kühlschränken und Schaumstoffen freigesetzte FCKW benötigt 20 Jahre, bis es in die Ozonschicht aufgestiegen ist. Die vor zwei Jahren begonnene Reduzierung dieses Ozonkillers wird sich dort oben also erst gegen Ende des ersten Jahrzehnts im neuen Jahrtausend bemerkbar machen. Bis dahin werden wir von den Forschern jährlich neue Hiobsbotschaften über die Schäden an der »Sonnenbrille der Erde« erhalten. Erst war es nur ein »Löcherl« über dem Südpol, dann wurde das Loch größer, dehnte sich zeitweise bis Australien aus. Anschließend tauchte auch am Nordpol ein Ozonloch auf, es wurde ein beängstigender Ozonschwund über den USA registriert, Mitte 1990 bemerkten die Wissenschaftler dann sogar schon eine Verdünnung der Ozonschicht über Teilen Europas.

Insgesamt hat die Ozonschicht seit 1969 um drei Prozent abgenommen, im Winter in unseren Breiten sogar um 4,7 Prozent. Bis zum Jahr 2050 prophezeien die Modellrechnungen eine Ozonabnahme um 20 Prozent – mit allen negativen Folgen.

Für den Menschen bedeutet eine stärkere UV-B-Strahlung zunächst einmal ein deutliches Ansteigen der Hautkrebsrate. Schon ein Prozent Ozonabnahme läßt die Zahl der Hautkrebsfälle um sechs Prozent steigen. Augenkrankheiten wie Schneeblindheit und grauer Star sind zu befürchten, ja sogar eine allgemeine Schwächung des Immunsystems und ein Ansteigen der Allergierate.

Gravierende Auswirkungen hat eine Verdünnung der Ozonschicht aber auch auf das Pflanzenreich. UV-Strahlung greift die Chloroplasten an, wichtige Bestandteile der Grünpflanzen, die zur Photosynthese, also zur Energiegewinnung aus dem Sonnenlicht notwendig sind. Insbesondere Getreide ist äußerst anfällig. Es könnte katastrophale Folgen für die Ernährungslage der gesamten Menschheit haben, wenn das Wachstum dieser Pflanzen auch nur um zehn Prozent zurückgehen würde.

Uns steht der Abfall zu Berge

Stellen Sie sich einmal den Montblanc vor. Der höchste Berg Europas ist ein wuchtiges Gebirgsmassiv mit einer Höhe von 4 810 Metern. Einen ähnlich hohen Berg mit der Grundfläche eines Fußballfeldes würde es ergeben, wenn der Abfall, den alle Bundesbürger im Laufe eines Jahres produzieren, gesammelt und auf einen Haufen geschüttet würde. Und jeder von uns trägt nach Kräften dazu bei: Mehr als ein Kilo Müll werfen wir, vom Säugling bis zum Greis, Tag für Tag weg – insgesamt 31 Millionen Tonnen im Jahr. Da aber Ihre Mülltüte im Schnitt gerade ein Kilo wiegt (wiegen Sie mal nach), können Sie sich vorstellen, welch ungeheure Mengen da zusammenkommen. Unser Montblanc-Müllberg würde einen Güterwagen mit einer Länge von fast 12 000 Kilometern füllen.

Müllbeseitigung in der Sackgasse

Daß diese Müllmenge nur schwer und folgenreich zu beseitigen ist, kann sich jeder vorstellen. Politiker und Experten warnen längst davor, daß spätestens in zwei Jahren vielen Gemeinden und Landkreisen in der Bundesrepublik der Müllkollaps droht. Denn: Die vorhandenen Mülldeponien, die 70 Prozent der gesamten Abfallmenge aufnehmen, werden bis dahin überquellen, die Anlage neuer Deponien wird kaum noch genehmigt. Die Müllverbrennung ist in eine Sackgasse geraten: Die Kapazität der vorhandenen Anlagen ist erschöpft, darüber hinaus zählen sie trotz modernster Technologien zu den schlimmsten Luftverschmutzern. Alle Appelle an Verbraucher und Industrie, die Müllflut zu stoppen, haben nichts gebracht, die Abfallberge

wachsen weiter. 1972 produzierte jeder Einwohner der Bundesrepublik 260 Kilogramm Müll im Jahr, heute sind es fast 400 Kilogramm – mit ansteigender Tendenz!
Ein ziemlich abfälliger Trick, wenigstens einen Teil unseres Mülls loszuwerden, ist jetzt auch noch unterbunden. Eine Million der 31 Millionen Tonnen wurde mangels eigener Kapazitäten bisher in die EG-Nachbarstaaten oder in die DDR exportiert. Im Rahmen des Vollzugs der Wiedervereinigung wird die BRD künftig eher Müll aus der DDR aufnehmen müssen als umgekehrt. Die Deponien drüben sind noch stärker überlastet. Mit der Einführung des EG-Binnenmarktes nach 1992 ist dann auch der Mülltransfer in die anderen Nachbarstaaten gestoppt.

Warum wehren sich immer mehr Experten, Bürger, inzwischen aber auch schon Politiker gegen den Bau neuer Müllbeseitigungsanlagen? Es ist vor allem die Angst um unsere Gesundheit und die unserer Kinder und Enkelkinder. In den 48 Müllverbrennungsanlagen, die es in der Bundesrepublik gibt, wird der Abfall nämlich keineswegs beseitigt, sondern seine giftigen Bestandteile sozusagen über Land und Leute verteilt.
Beispiel Müllverbrennungsanlage Stellinger Moor in Hamburg: Sie ist eine der größten im Bundesgebiet und verbrennt pro Jahr 200 000 Tonnen Hausmüll. Dabei fallen fast 60 000 Tonnen mit Schwermetall, aber auch mit anderen Schadstoffen belastete Schlacke an. Ebenfalls 60 000 Tonnen Wasser verdampfen und gehen als saurer, mit Schwefeldioxid, Stickoxiden und Salzsäure angereicherter Regen nieder. Eine Milliarde Kubikmeter Gas, das in den Öfen entsteht, wird durch einen Elektrofilter und eine Naßwäsche geschleust, die 6 000 Tonnen hochgiftige Flugasche und Schlämme ausfiltert. Laut »stern« können diese Filterstäube dreimal höher mit dem gefährlichsten aller Dioxine verseucht sein als die innere Zone des Katastrophengebietes von Seveso.
Noch gibt es sehr wenige Untersuchungen über die gesundheit-

lichen Auswirkungen dieser Giftschleudern. Doch Ärzte und Statistiken aus der Umgebung solcher Müllverbrennungsanlagen wissen von häufigen Erkrankungen der Atemwege, vor allem bei Kindern; auch ein Zusammenhang mit steigenden Raten von Krebserkrankungen wird nicht ausgeschlossen. Der Münchner Toxikologe Max Daunderer hat sogar festgestellt, daß die in der Milch von stillenden Müttern nachgewiesenen verschiedenen Dioxine sich genauso zusammensetzen wie die in der Abluft von Müllverbrennungsanlagen.
Was nicht verbrannt wird – und das sind immerhin fast zwei Drittel unseres Montblanc-Müllberges, also jährlich ein Müllberg, so hoch wie der oberbayerische Wendelstein mit seinen 1838 Metern –, wandert auf eine der unzähligen Mülldeponien – übrigens auch die hochgiftigen Filterstäube und die Schlacke aus den Verbrennungsanlagen. Überall im Land regt sich aber Widerstand gegen den Betrieb oder gar die Neuanlage solcher Deponien, und das mit gutem Grund.
Nachdem bis in die 70er Jahre hinein fast das gesamte Müllaufkommen auf solchen Ablagerungsplätzen landete, tickt heute in unseren Böden eine Zeitbombe. Denn aus diesen Deponien sickern unaufhaltsam gefährlichste Schadstoffe wie Schwermetalle, chlorierte Kohlenwasserstoffe oder Nitrate in das Erdreich und gefährden so das Grund- und Trinkwasser. Die aus den Müllhalden entweichenden Gase tragen zum großen Teil nicht unerheblich zum Treibhauseffekt bei oder müssen, wie der stinkende Schwefelwasserstoff wegen seiner Gefährlichkeit, mit hohem Kostenaufwand herausgeleitet und abgefackelt werden. Nach dem Inkrafttreten des Abfallbeseitigungsgesetzes von 1972 mußten mehr als 50000 „wilde" Müllkippen geschlossen, saniert oder zu geordneten Deponien umgestaltet werden, was mit einem Kostenaufwand von rund 8 Milliarden DM verbunden war. In den kommenden Jahren ist mit weiteren Milliarden von Mark für neue, modernste Müllöfen, für den Bau halbwegs sicherer, neuer Deponien und für die Sanierung alter

Deponien zu rechnen – unser Abfall wird für uns zum reinsten Luxusartikel, denn diese Investitionen werden mit unseren Steuergeldern finanziert. Doch das ist noch nicht alles, was den Müll für uns so teuer macht: Wir zahlen erkleckliche Gebühren für die Müllabfuhr, ja wir kaufen den Müll sogar erst mal in Form von Verpackungen und Ex-und-hopp-Artikeln.

Sind Alternativen möglich?

Werden wir also an unserem eigenen Dreck ersticken? Werden uns unsere Müllberge über den Kopf wachsen? – trotz der riesigen Summen, die jeder von uns in die Lösung des Abfallproblems investiert?
Nein – das darf nicht sein und kann auch verhindert werden. Wenn die Beseitigung des Mülls nicht oder nur mit verhängnisvollen gesundheitlichen Folgen für weite Teile der Bevölkerung möglich ist, müssen wir uns Alternativen überlegen. Die einfachste, naheliegendste und billigste Lösung ist es, gar nicht erst so viel Müll anfallen zu lassen und den entstandenen Müll so gut wie möglich einer Wiederverwendung zuzuführen.

Das Recyclen von Teilen des Abfalls trägt nicht nur dazu bei, den Müllberg zu reduzieren, sondern auch die Ausbeutung der natürlichen Ressourcen unserer Erde durch den Menschen zu stoppen. Beispiel Altpapier: Würde die Hälfte des auf der Erde verbrauchten Papiers aus Altpapier hergestellt – was technisch möglich ist –, könnte eine Fläche von acht Millionen Hektar Wald (so groß wie acht Millionen Fußballfelder oder größer als Bayern!) pro Jahr gerettet werden.

Was Sie persönlich gegen die Müllflut tun können, erfahren Sie

im Kapitel »Müll«, Seite 105 im Serviceteil dieses Buches. Doch selbst, wenn alle mitmachen, sind wir allein mit der Bezwingung des Müllberges überfordert. Politik und Industrie müssen uns dabei kräftig unterstützen – und beide haben schon mit ihrer Schützenhilfe begonnen. Immer mehr Firmen besinnen sich darauf, Verpackungsmüll möglichst zu vermeiden: Eine große Supermarktkette und ein Versandhaus vezichten bereits auf PVC-Verpackungen und weitgehend auf Ex-und-hopp-Produkte; in einer steigenden Zahl von Supermärkten gibt es Frischmilch aus der »Stählernen Kuh«; eine Kosmetik-Firma hat eine kompostierbare Shampoo-Flasche entwickelt; eine große Molkerei nimmt Joghurtbecher zurück und verwendet sie zur Herstellung neuer Becher; es gibt eßbare Pralinen-Verpackungen und jetzt auch eine eßbare Klarsichtfolie (aus einer neu gezüchteten Erbsensorte); und ein in der Bundesrepublik verkaufter Flüssigreiniger kann vom Faß gezapft werden.
Und wer noch nicht mitmacht, den will die Bundesregierung mit einer Verordnung dazu zwingen. Ein Entwurf des Umweltministeriums sieht vor, daß Supermärkte künftig Tüten, Dosen, Schachteln, Folien und Flaschen, in denen Ware eingewickelt, eingeschweißt oder abgefüllt ist, entsorgen müssen, wenn der Kunde diesen Abfall an der Kasse zurückläßt. Die Hoffnung der Politiker: daß der Handel dadurch Druck auf die Hersteller ausübt, ihre Waren nicht mehr in so aufwendigen Verpackungen zu liefern.

Rettender Schutzengel?

In den vorangegangenen Kapiteln wurde aufgezeigt, welch vielfältigen Gefahren unsere Erde ausgesetzt ist. Wenn wir vermeiden wollen, daß die aufgezählten Umweltschäden noch größer werden, die Natur langsam kaputtgeht, wir immer häufiger an umweltbedingten Krankheiten leiden, unser Planet schließlich unbewohnbar wird: dann müssen wir gemeinsam etwas tun, um dies zu verhindern. Der zweite Teil dieses Buches soll deshalb eine Art Gebrauchsanweisung sein, wie die Erde zu retten ist. Wenn Sie möglichst viele der nachfolgenden Tips und Ratschläge befolgen, haben Sie persönlich schon ein gutes Stück unserer gemeinsamen Aufgabe erfüllt. Wenn dies jeder tut oder zumindest fast jeder, so können wir uns berechtigte Hoffnungen machen, daß wir uns und unsere Umwelt noch einmal »aus dem Dreck ziehen«.

Natürlich können Sie nicht alle Ratschläge auf einmal befolgen. Deshalb gleich der erste Tip: Machen Sie sich ein Programm. Nehmen Sie sich eine Reihe von Tips vor, an die Sie sich in der nächsten Zeit halten wollen. Sie werden sehen, wie schnell sich diese Dinge einspielen und daß dieses umweltfreundliche Verhalten nach kurzer Zeit für Sie selbstverständlich ist, Ihnen keine Mühe und keine Umstände mehr macht. Wenn Sie so weit sind, dann können Sie wieder eine Handvoll neuer Ratschläge »einüben«.

Der »Blaue Engel«: Bedeutung und Vergabe

Wenn jemand vor einer besonderen Gefahr geschützt werden soll, braucht er einen Schutzengel – das haben wir schon in der

Schule gelernt. Auch gegen die vielfältigen Umweltgefahren gibt es einen Schutzengel, den **Blauen Umweltengel.** Fast jeder kennt dieses Zeichen, das immer mehr Produkte, inzwischen über 3000, ziert: ein stilisierter blauer Engel auf weißem Grund, umgeben von einem ebenfalls weißblauen Ährenkranz und dem Schriftzug »Umweltzeichen weil ...«.
Über diesen Umwelt-Engel und seine Bedeutung gibt es nicht nur bei den Verbrauchern immer wieder Verwirrung. Deswegen hier einiges zur Klarstellung: Jeder Hersteller, der glaubt, ein besonders umweltfreundliches Produkt anzubieten, kann sich an das Bundesumweltministerium mit der Bitte um Prüfung wenden. Eine »Jury Umweltzeichen«, die sich zusammensetzt aus Wirtschafts-, Umweltschutz- und Verbraucherverbänden sowie aus Vertretern von Gewerkschaften, Kirchen und Bundesländern, entscheidet zweimal im Jahr – nach Prüfaufträgen an das Umweltbundesamt und Expertenanhörungen – über die Zeichenvergabe.
Die Kriterien für die Vergabe des Umweltschutz-Engels werden von der Bundesregierung im schönsten Behördendeutsch vorgegeben. Das Zeichen »soll dem Verbraucher ... bei seinen Kaufentscheidungen Informationen über die relative Umweltfreundlichkeit eines bestimmten Produktes innerhalb der gleichartigen Warengruppe bieten«. Das heißt im Klartext nichts anderes, als daß das Umweltzeichen normalerweise nur für eine bestimmte Eigenschaft des Produktes vergeben wird, die dann auch im Text auf dem Umweltzeichen erscheint: »Umweltzeichen weil schadstoffarm (überwiegend aus Altpapier, asbestfrei, FCKW-frei, stromsparend).«
Noch einmal: Der Blaue Umweltengel wird immer nur für einen bestimmten Aspekt vergeben. Also nur, ob lärm- oder giftfrei, ob strom- oder müllsparend, nie für alles zusammen. Weil es sich also bei den mit dem Umweltengel ausgezeichneten Produkten nicht um umweltfreundliche Produkte schlechthin handelt, heißt es seit Juni 1988 auf den neu vergebenen Zeichen auch

nicht mehr »Umweltfreundlich weil ...« sondern nur noch »Umweltzeichen weil ...«.
Nicht alles, was sich mit dem Umweltengel schmücken darf, ist also für die Umwelt völlig unschädlich. Andererseits ist nicht alles, was keinen Engel trägt, automatisch schlecht für die Umwelt. So werden die Blauen Umweltengel generell nicht an Produkte vergeben, die sozusagen von Natur aus schadstofffrei sind, also etwa Schmierseife, Essig oder Weidenkörbe. Dazu ein Beispiel: **Lösungsmittelarme** Lacke dürfen sich mit dem Engel schmücken, Dispersionsfarben, die aber überhaupt keine Lösungsmittel enthalten, werden dagegen nicht ausgezeichnet.
Weil sich die Vergabekriterien ja nur an einer umweltrelevanten Eigenschaft orientieren, entstanden auch kuriose Auszeichnungen: Ein Lederspray, das FCKW-frei ist, konnte immer noch giftige Inhaltsstoffe enthalten. Eine Rasierschaum-Dose ohne Ozonkiller bekam den Engel, obwohl sie andere schädliche Treibmittel enthält und nicht nachzufüllen ist. Küchenpapier bekommt den Blauen Engel und belastet doch, wenn es im Müll landet, die Klärwerke. Auch eine biologisch abbaubare Plastiktüte ist alles andere als umweltfreundlich, weil für ihre Herstellung sehr viel Energie verbraucht wird.
Zur Ehrenrettung des Blauen Umweltengels muß allerdings gesagt werden, daß sich die »Jury Umweltzeichen« ständig darum bemüht, die Vergabekriterien dem Stand der Technik und den steigenden Umweltansprüchen anzupassen. Außerdem ist die Vergabe auf drei Jahre begrenzt und wird nur nach erneuter Prüfung verlängert. Viele Produkte, die früher noch den Engel bekommen hätten oder sogar bekommen haben, erhalten ihn heute nicht mehr, beispielsweise FCKW-freie, aber nicht recycelbare Haarsprays oder Deos, lärmarme, aber enorm Strom schluckende Rasenmäher.

Mein Tip: Wenn Sie sich nicht sicher sind, ob Sie ein mit dem Blauen Umweltengel ausgezeichnetes Produkt wirklich bedenkenlos kaufen können, erkundigen Sie sich bei Ihrer zuständigen Verbraucherzentrale (steht im Telefonbuch) oder beim Verbraucherschutzverein, Lützowplatz 11, 1000 Berlin 30. Eine ständig aktualisierte Liste aller mit dem Blauen Engel ausgezeichneten Produkte erhalten Sie beim Umweltbundesamt, Bismarckplatz 1, 1000 Berlin 33.
Und noch eine Warnung: Mit dem Blauen Umweltengel wird auch viel Mißbrauch getrieben. Bundesumweltminister Klaus Töpfer empfahl darum im Sommer 1990 den Verbrauchern, beim Kauf der mit dem Umweltengel ausgezeichneten Produkte auf die Echtheit dieses Zeichens zu achten: »Mitunter werden dem Umweltzeichen zum Verwechseln ähnliche Symbole verwandt, um sich so den hohen Bekanntheitsgrad dieses Zeichens zunutze zu machen«.

»Bio« und »Öko« lassen grüßen

Einer der Gründe, warum 1978 das Umweltzeichen Blauer Umweltengel eingeführt wurde, war die damals – und noch heute – herrschende Verwirrung über die Bezeichnung aller möglichen Waren und Produkte oder ihrer Eigenschaften als »Bio-«, »biologisch«, »öko-«, »ökologisch«, »umweltfreundlich«, »natürlich«, »Natur-«, »organisch« oder »naturgemäß«. Glaubt man diesen Aufschriften, glaubt man der umweltbetonten Produktwerbung, glaubt man der grünen Farbe, die immer häufiger die Verpackung zahlreicher Produkte ziert, gibt es heute kaum noch etwas zu kaufen, das umweltschädlich ist.

Leider gibt es bis heute keine gesetzliche Definition, keinen gesetzlichen Schutz wenigstens für die Beisilbe »Bio«. Nur das schlechte Gewissen hindert zum Beispiel Mineralölkonzerne daran, bleifreies Benzin als »Bio-Benzin« zu verkaufen. Auf dem Lebensmittelsektor hat das dazu geführt, daß das Angebot an »Bio«-Produkten in den Lebensmittelgeschäften zehnmal (!) so hoch ist, wie die tatsächlich von echten Öko-Landwirten erzeugte Nahrungsmittelmenge. Immer mehr Geschäftemacher nutzen die Verwirrung des Verbrauchers einerseits und sein Umweltbewußtsein andererseits, um Kasse zu machen. Daß davor sogar seriöse Organisationen nicht gefeit sind, zeigt der Bayerische Bauernverband, der eine Landwirtevereinigung für einen »kontrolliert naturbewußten und biologischen Anbau von Getreide« ins Leben rief, die aber, so der Bund Naturschutz, den Einsatz von Chemie in bestimmtem Umfang erlaubt.
Allerdings gibt es im Nahrungsmittelbereich deutlich erkennbare seriöse und anerkannte Produkte von wirklichen Bio-Bauern. Diese sechs Anbauverbände sind in der »Arbeitsgemeinschaft ökologischer Landbau« (Adresse: AGÖL, Postfach 35 65, 6750 Kaiserslautern) zusammengeschlossen. Es sind dies (in der Reihenfolge ihres Entstehens):

Demeter/Biodyn. Informationen über: Forschungsring für Biologisch-Dynamische Wirtschaftsweise, Baumschulenweg 11, 6100 Darmstadt.
Bioland. Informationen bei: Bioland, Barbarossastr. 14, 7336 Uhingen.
Arbeitsgemeinschaft für naturnahen Obst-, Gemüse- und Feldfruchtanbau (ANOG). Informationen bei: ANOG, Anton-Reuter-Str. 18, 5400 Koblenz 1.
Biokreis Ostbayern. Informationen bei: Biokreis Ostbayern, Rosensteig 13, 8390 Passau.
Naturland. Informationen bei: Naturland, Finkenstraße 29, 8032 Gräfelfing.

Bundesverband ökologischer Weinbau. Informationen bei: Bundesverband ökologischer Weinbau, Obergasse 9, 6719 Ottersheim.

Die Arbeitsgemeinschaft, der diese Verbände angehören, hat sich selbst teilweise sehr detailliert festgeschriebene Bestimmungen und Richtlinien auferlegt, die von den beigetretenen Verbänden lückenlos erfüllt werden müssen. Dazu zählen:

- Verzicht auf chemisch-synthetische Pflanzenschutzmittel.
- Verzicht auf leicht lösliche Mineraldünger.
- Der auf maximal 20 Prozent begrenzte Zukauf von Futtermitteln (nach Möglichkeit von anderen alternativ bewirtschafteten Betrieben).

Diese Verbände haben sich teilweise noch weiterführende eigene Richtlinien gegeben. Ihre Einhaltung wird durch Berater/innen und/oder durch eine Kontrollkommission regelmäßig überwacht. Bei Verstößen von Landwirten gegen die Anbaurichtlinien werden Strafen bis hin zum Verbandsausschluß verhängt. Jeder Verband hat sein eigenes, unverwechselbares und eingetragenes Warenzeichen. Dieses Zeichen garantiert, daß die Produkte wirklich nach den auferlegten Richtlinien erzeugt wurden. Werden Nahrungsmittel dagegen *nur* unter dem Hinweis »aus biologisch-dynamischem Anbau« oder aus »organisch-biologischem Anbau« angeboten, ist diese Sicherheit nicht gegeben, da diese Bezeichnungen gesetzlich nicht geschützt sind.
Sich gesund und umweltbewußt ernähren, heißt aber nicht nur, von Schadstoffen möglichst unbelastetes Gemüse und Obst zu essen, sondern sich insgesamt ausgewogen zu ernähren. Dazu mehr im ersten Kapitel des folgenden Serviceteiles.

Serviceteil

Ernährung

Dazu der Bundesgesundheitsminister: »Essen gefährdet Ihre Gesundheit. Eine Mahlzeit enthält nach DIN die auf der Verpackung (oder Speisekarte) angegebenen Schadstoffe.«
Noch ist eine solche den Zigarettenschachteln entlehnte Warnung Fiktion. Noch! Doch schon bald kann es notwendig sein, daß wir üppigen Esser amtlicherseits sozusagen unser Fett abbekommen. Dann nämlich, wenn sich die durch falsche Ernährung und schadstoffhaltige Lebensmittel verursachten Krankheiten noch weiter verbreiten, so weit, daß sie durch die Behandlungs- und Folgekosten eine unvertretbare Belastung für die Volkswirtschaft darstellen. Anders ausgedrückt: Der unverzichtbare fette Schweinebraten, der übermäßige Alkoholgenuß und die Qualmerei gefährden ja nicht nur die Gesundheit von Herrn Meier oder Herrn Huber. Die beiden Herren kosten den Staat und die Krankenkassen – und damit uns alle – zusätzlich Geld für Medikamente, Arztbesuche, Krankenbetten und letztlich Friedhofsfläche. Auch wir Menschen sind ein Teil unserer Erde, die es doch zu retten gilt. Und das Überleben der Menschheit setzt ihre Gesundheit voraus – und die beginnt mit der richtigen Ernährung.
Um zunächst einmal ein verbreitetes Vorurteil auszuräumen: Gesunde Ernährung ist *nicht* gleichzusetzen mit der ach so verpönten »Körndlesserei«. Gesunde Ernährung, das heißt in der einfachsten Variante: Ein bißchen weniger Fett, weniger Salz, mehr Kohlenhydrate, mehr Ballaststoffe. Die Krönung einer gesunden Ernährung ist dann die ausgewogene Vollwerternährung, die aber wesentlich besser schmeckt, als ihr Name vermuten läßt. Schauen Sie sich einmal eines der zahlreichen modernen Vollwert-Kochbücher an. Auch als eingeschworener Fleischesser wird Ihnen bestimmt der Mund dabei wäßrig wer-

den. Denn – und auch das ist ein weitverbreitetes Vorurteil – Vollwertkost schließt den Genuß von Fleisch und Wurst keineswegs aus. Er wird nur reduziert, zu Gunsten anderer, nicht weniger wohlschmeckender Gerichte. Und mit diesen Gerichten befriedigen wir ein lebenswichtiges körperliches Bedürfnis. Denn unser Körper braucht, um funktionieren zu können, eine ausgewogene Mischung an bestimmten Nährstoffen und an Ballaststoffen. Stimmt diese Mischung nicht mehr, macht sich das irgendwann durch eine bestimmte Mangelerkrankung bemerkbar. Vollwertige Ernährung heißt also nichts anderes, als daß wir unserem Körper regelmäßig alle von ihm benötigten Nährstoffe zuführen.
Doch es gibt noch ein anderes gewichtiges Eßproblem: Die Schadstoffe. Manche Ernährungswissenschaftler behaupten bereits, es gibt *keine* unbelasteten Lebensmittel mehr. Um so dringender sollten wir darauf achten, daß die Nahrung, die wir zu uns nehmen, möglichst wenig – weder beim Bauern noch bei der Herstellung – mit Chemie in Berührung gekommen ist.

- Also: statt Konserven lieber frisches Gemüse aus biologischem Anbau; statt abgepacktem Fertigmüsli lieber die Bestandteile einzeln kaufen und selber mischen; statt weißem Auszugsmehl lieber Vollkornmehl.

Allgemeine Tips für eine gesunde und natürliche Ernährung

Ohne daß Sie gleich zum perfekten Vollwertköstler werden müssen, hier einige Tips, was zu einer gesunden und natürlichen Ernährung gehört. Am besten ist es, Sie befolgen sie alle, aber auch jeder einzelne trägt schon seinen Teil zu einer gesünderen Ernährung bei.

- Ernähren Sie sich möglichst abwechslungsreich. Aus folgenden Nahrungsmittelgruppen sollten Sie täglich etwas zu sich nehmen:

  Getreide/Getreideprodukte,
  Kartoffeln/Gemüse/Kräuter,
  Obst,
  Milch/Milchprodukte,
  Fleisch/Fisch/Eier,
  Fette und
  Getränke.

  Diese Mischkost liefert Ihrem Körper übrigens nicht nur alle lebensnotwendigen Nährstoffe, sie verhindert auch, daß Ihr Organismus mit Schadstoffen einseitig belastet wird.

- Bevorzugen Sie Nahrungsmittel aus umweltfreundlichen Produktionen, die in Industrie und Haushalt möglichst wenig bearbeitet werden (müssen). Also: Fleisch ja, aber lieber vom Bauern, dessen Kühe noch auf der Wiese leben, dessen Schweine nicht in Boxen eingepfercht sind und dessen Hühner noch im Freien Körner picken können. (Übrigens: Solche Biobauern und einen Bio-Metzger gibt es inzwischen bestimmt auch in Ihrer Nähe.) Zu diesem Grundsatz gehört es auch, Konserven oder andere vorgefertigte Produkte mit Konservierungsmitteln, mit Farb-, Geschmack- und Aromastoffen zu vermeiden.

- Essen Sie nicht zu große Portionen, lieber mal eine leichte Zwischenmahlzeit. Lieber Qualität als Quantität.

- Noch einmal: Fleisch ja, aber in Maßen. Ein bis zwei Fleischmahlzeiten pro Woche sind genug. Ersetzen Sie Fleisch durch Eier- oder Fischspeisen.

- Gemüse, Getreide und Obst sollten die Hauptbestandteile Ihres Speiseplanes sein. Verzehren Sie einen Teil dieser Produkte roh, das fördert die Verdauung: Getreidekörner im Müsli oder Salat, Rohkost-Salate (da gibt es die leckersten Rezepte!) oder frische Kräuter. Rohkost-Salate sind übrigens wesentlich gesünder als Blattsalate, sie enthalten mehr Vitamine und Mineralstoffe.

● Vollwertige Ernährung bedeutet nicht nur die Aufnahme aller notwendigen Nährstoffe, sondern auch, daß diese durch eine möglichst vollständige Verdauung von unserem Magen und Darm an den Organismus weitergegeben werden. Tun Sie also alles, was eine gute Verdauung fördert. Das fängt beim gründlichen Kauen an (denn die Verdauung von Kohlenhydraten beginnt bereits im Mund) und hört bei der Aufnahme von ausreichenden Ballaststoffen auf.

● Kaufen Sie Obst und Gemüse nicht nach dem Aussehen. Die schönsten Äpfel, die knackigsten Salate sind oft nur deswegen so schön, weil chemisch nachgeholfen wurde.

● Zu einer natürlichen Ernährung gehört es auch, Obst und Gemüse den Jahreszeiten entsprechend zu kaufen und zu essen, in denen sie tatsächlich wachsen.

● Deshalb: Hände weg von Treibhausware. Sie ist, da sie besonders anfällig für Schädlinge ist, vollgepumpt mit Chemie und schmeckt sowieso meist nur wäßrig.

● Kaufen Sie kein Obst und Gemüse, das in Plastikfolie eingeschweißt ist. Obst und Gemüse haben doch ihre natürliche Verpackung, die Schale. Doch es gibt noch andere Gründe dafür: Sie reduzieren Ihren Müll, Sie können die von Ihnen gewünschte Menge kaufen und Sie können sich die Ware von allen Seiten anschauen (in den verschweißten Packungen befinden sich die schönen Seiten meist oben, die fauligen unsichtbar unten.

● Beobachten Sie sich einmal, wie oft Sie täglich Ihre Speisen zusätzlich salzen oder zuckern. Versuchen Sie, diese Menge bewußt zu reduzieren. Ihr (lebenswichtiger) Salzbedarf wird durch das in den Lebensmitteln einer ausgewogenen Ernährung enthaltene Salz leicht gedeckt.

Worauf Sie besonders achten sollten

● Beim Kauf von **Getreide und Getreideprodukten** sollten Sie generell wissen: Getreidekörner enthalten fast alle für die menschliche Ernährung wichtigen Nährstoffe wie Eiweiß, Fett, Kohlenhydrate, Vitamine und Mineralstoffe. Diese sind aber nicht gleichmäßig im Getreidekorn verteilt. Nur wenn das ganze Getreidekorn verarbeitet wird, enthält das Produkt auch alle Nährstoffe, so zum Beispiel das **Voll**kornmehl. Je niedriger die Typenzahl (Type 405, das Auszugsmehl, ist eine immer noch sehr gängige Weißmehl-Sorte), um so niedriger ist der Nährstoffgehalt.
– Tauschen Sie also herkömmliches Mehl und herkömmliche Nudeln gegen Vollkornmehl und Vollkornnudeln.
– Mischen Sie Ihr Müsli selbst, aus frisch gemahlenem oder gekeimtem Getreide, Getreideflocken, frischem Obst, Nüssen. Dabei ist Getreide nicht gleich Getreide. Auch hier können Sie Abwechslung auf den Tisch bringen: Weizen, Roggen, Hafer, Gerste, Buchweizen, Grünkern, Reis, Dinkel und Hirse sind die gebräuchlichsten Getreidesorten.
– Bevorzugen Sie Naturreis. Er enthält ein Vielfaches an Vitaminen, Eisen und Ballaststoffen im Vergleich zum weißen.
– Auch beim Brot gilt: Lieber Vollkornprodukte, sie enthalten die für die Verdauung so wichtigen Ballaststoffe.

● **Milch und Milchprodukte** sind besonders hochwertige Lebensmittel. Sie enthalten hochwertiges Eiweiß (die »Baustei-

ne« des menschlichen Organismus«), leicht verdauliches Fett, Kohlenhydrate, Mineralstoffe (Calcium, Phosphor) und B-Vitamine. Es schadet Ihnen überhaupt nicht, wenn Sie pro Tag 1/2 Liter Milch (oder die entsprechende Menge Joghurt), 60 Gramm Käse und 50 Gramm Magerquark zu sich nehmen.
– Sogenannter Bioghurt mit L(+)drehender Milchsäure ist nicht besser oder gesünder als herkömmlicher Joghurt.
– Bevorzugen Sie Naturjoghurt ohne Zusätze.
– Mischen Sie sich Ihren Fruchtjoghurt aus Früchten und Naturjoghurt selbst.

● **Getränke** spielen eine oft unterschätzte Rolle im Rahmen einer gesunden Ernährung. Das in ihnen enthaltene Wasser erfüllt drei wichtige Funktionen: Es ist Bestandteil der Zellen, es hilft beim Transport der Nährstoffe zu den Zellen und es reguliert über das Schwitzen den Wärmehaushalt des Körpers.
– Ein Erwachsener benötigt pro Tag 2 bis 2,5 Liter Wasser. Die Hälfte davon wird durch feste oder flüssige Nahrungsmittel aufgenommen. Also sollten Sie täglich 1 bis 1,5 Liter trinken.
– Als Durstlöscher zu bevorzugen sind Mineralwasser, Tee und Kaffee ohne Milch und Zucker.
– Vernünftige Getränke sind auch Milch, Gemüse- und Fruchtsäfte. Wegen ihres Alkohol- beziehungsweise hohen Zuckergehaltes eher schädlich sind alkoholische Getränke, Limonaden, Colagetränke, Fruchtsaftgetränke und Fruchtnektare.

● **Speisefette und Speiseöle** – da kriegen wir unser Fett weg. Das Problem ist heikel: Einerseits braucht unser Körper für wichtige Stoffwechselvorgänge lebensnotwendig die nur in Fetten enthaltenen mehrfach ungesättigten Fettsäuren. Andererseits liegt die durchschnittliche tägliche Fettaufnahme der Deutschen mit etwa 140 Gramm weit über dem von der deutschen Gesellschaft für Ernährung angegebenen Richtwert von 70 bis 90 Gramm. Wir müssen also einerseits die Aufnahme so-

wohl der sichtbaren Streich- und Kochfette als auch der versteckten Fette (vor allem in Wurst, Fleisch und Käse) drastisch einschränken, andererseits aber trotzdem die Zufuhr der fettlöslichen Vitamine und der mehrfach ungesättigten Fettsäuren sichern. Das erreichen wir nur durch die überlegte Verwendung von Fetten und Ölen.
Achten Sie beim Kauf von Margarine auf den Gehalt an mehrfach ungesättigten Fettsäuren (Linolsäure!). Ihr Körper benötigt davon durchschnittlich 10 Gramm pro Tag.
Reich an **mehrfach ungesättigten Fettsäuren** sind folgende Pflanzenöle: Distelöl, Sonnenblumenöl, Sojaöl, Maiskeimöl, Weizenkeimöl.

– Kaufen Sie möglichst nur kaltgepreßte Öle (sie sind am wenigsten chemisch behandelt). Verwenden Sie diese Öle hauptsächlich für Salate.
– Zum Erhitzen eignet sich am besten kaltgepreßtes Oliven- oder Erdnußöl. Diese beiden Öle enthalten allerdings wenig mehrfach ungesättigte Fettsäuren.
– Wegen ihres hohen Vitamin-A-Gehaltes ist auch **Butter** ein wertvolles Fett, sollte aber aufgrund des Cholesteringehaltes vor allem von Herz-Kreislaufpatienten und Menschen, die ohnehin einen hohen Cholesterinspiegel haben, sparsam verwendet werden.

● Ach, wie süß. Nein, das ist **Zucker** wirklich nicht. Jeder Deutsche nimmt pro Tag über 100 Gramm Zucker zu sich – viel zu viel! – sagen Ärzte und Ernährungswissenschaftler, denn: Zucker verursacht Karies, bei seinem Abbau wird wertvolles Vitamin B verbraucht, er begünstigt Übergewicht und kann die Aufnahme anderer Nährstoffe verhindern. Das gleiche gilt übrigens für alle Alternativen, die oft als gesund angepriesen werden. Dosieren Sie also auch braunen Zucker, Ahornsirup oder Honig äußerst sparsam.

● Auch **Salz** verwenden wir viel zu großzügig: 10 bis 20 Gramm statt der ausreichenden 6 Gramm pro Tag. Dabei kann Salz zu hohen Blutdruck bewirken, einen der Risikofaktoren für Herzinfarkt.
Der normale Kochsalzgehalt der Lebensmittel reicht aus, um den täglichen Bedarf zu decken. Zum zusätzlichen Würzen sollten Sie Kräuter und andere Gewürze verwenden.
Auch Kräuter- und Gewürzsalze haben einen Kochsalzanteil!

● Vom Schädlichen nehmen wir zu viel, vom Nützlichen zu wenig zu uns: 30 Gramm **Ballaststoffe** sollten jeden Tag mit der Nahrung aufgenommen werden, um die Verdauung zu unterstützen; knapp 20 Gramm sind es aber nur. Am einfachsten erhöhen Sie die Ballaststoffaufnahme durch:
- den Austausch von Produkten aus hellem Mehl gegen Vollkornprodukte,
- den gesteigerten Verzehr von Vollkornprodukten,
- den gesteigerten Verzehr von Obst, Gemüse und Kartoffeln.

● Apropos **Kartoffeln:** Eine tolle Knolle! In ihrer Schmackhaftigkeit und ihrem Nährwert oft unterschätzt. Probieren Sie mal ein paar Kartoffelrezepte mit frischen Kartoffeln (also Hände weg von Püree oder Klößen aus dem Beutel!) – Sie werden staunen. Am gesündesten ist die tolle Knolle, wenn sie als Pellkartoffel (ohne Salz, das zieht die Nährstoffe ins Wasser) gekocht wird.

● **Kinder, Kinder,** das ist aber nichts für euch, was da in der Werbung so alles vollmundig als idealer Pausen-Snack, als so wertvoll wie ein kleines Steak, als süße Nervennahrung angeboten wird. Der Mann und die Frau aus der Werbung sollen uns nur möglichst viel von dem Zeug aufschwatzen und dafür schwindeln sie eben ein bißchen: Das beste Pausenbrot ist nach wie vor das Pausen**brot,** am besten Vollkorn- oder Knäckebrot, mit

Quark, Käse, magerem Aufschnitt oder Ei drauf. Ein bißchen Abwechslung? Bitte: Nimm doch mal Joghurt mit, oder Obst, oder Möhren, oder Gurken, oder Radieschen oder einen knackigen Kohlrabi, oder ... Halt, der Platz reicht gar nicht, all die lekkeren, gesunden Pausen-Snacks aufzuzählen. Aber bitte, bitte: Nicht nur in die Schule mitnehmen und dort gegen eines dieser pappig-süßen, klebrigen Etwas vom Klassenkameraden eintauschen!

Vorsicht: Schadstoffe!

Leider schützt uns auch die vollwertigste Ernährungsweise nicht davor, daß wir Schadstoffe und Gifte zu uns nehmen, die auf irgendeine vom Menschen verursachte Weise in diese Lebensmittel gelangt sind. Sie können die Menge der von Ihnen aufgenommenen Schadstoffe reduzieren, wenn Sie folgende Tips beachten:

- **Obst und Gemüse**, das an vielbefahrenen Straßen verkauft wird, hat oft einen hohen Bleigehalt. Es sollte deshalb gut gewaschen, wenn möglich geschält werden. Dadurch kann sich beispielsweise der Schwermetallgehalt um bis zu 50 Prozent verringern. Behaarte oder gekräuselte Oberflächen, wie bei Pfirsichen oder Wirsing, besonders gründlich reinigen, äußere Blätter von Kopfsalat oder Kohl gar nicht verwenden.

– Grundsätzlich sollte saisonübliches Obst und Gemüse bevorzugt werden, beachten Sie aber den hohen Nitratgehalt einiger Gemüsesorten. Besonders nitratreich sind Wurzel- und Blattgemüse (z.B. Spinat, Chinakohl, Kopfsalat, Radieschen, Rote Bete, Rettich, Weißkohl und Wirsing). Reste dieser Gemüse nicht noch einmal erhitzen! Säuglinge unter vier Monaten sollten wegen des hohen Nitratgehaltes überhaupt keinen Spinat erhalten.

– Bei Konserven den Inhalt nach dem Öffnen umschütten,

nicht in der Dose aufbewahren. Kaufen Sie keine verbeulten oder bereits aufgeblähten Dosen, das deutet auf verdorbenen Inhalt hin.

– Bevorzugen Sie Erzeugnisse aus dem Inland. In anderen Ländern werden teilweise noch bei uns bereits verbotene Pflanzenschutzmittel verwendet. Außerdem sind Waren, die nur über kürzere Wege transportiert werden müssen, frischer als andere, beziehungsweise müssen nicht künstlich frisch gehalten werden.

– Zum Aufbewahren von Lebensmitteln keine roten, orangefarbenen oder gelben Plastikgefäße benutzen, es sei denn, sie sind ausdrücklich cadmiumfrei. Vorsicht auch bei bunten Keramikerzeugnissen. Es besteht die Gefahr, daß sie an saure Lebensmittel (Gurken, mit Essig angemachte Salate) Blei abgeben.

● Eine harte Nuß haben viele Menschen an **Nüssen und Mandeln** zu knacken. Vor allem: Fast alle Nußarten können Ursache für eine Allergie sein. Wenn Sie an einem verdächtigen Hautausschlag, einem hartnäckigen Husten oder an ständig tränenden Augen leiden und nicht wissen warum, kann es sich durchaus um eine Allergie gegen Nüsse handeln. Der Hautarzt oder Allergologe kann's genau testen.

– Nüsse, insbesondere Paranüsse, Mandeln und Erdnußerzeugnisse werden oft von Schimmelpilzen befallen, die giftige Stoffe wie das krebserregende Aflatoxin bilden. Angeschimmelte Produkte auf jeden Fall wegwerfen, Erdnußprodukte nicht zu häufig verzehren.

– Bittere Mandeln enthalten Blausäure und sollten nur in geringen Mengen verzehrt werden. In natürlichem Bittermandelöl ist die Blausäurekonzentration besonders hoch. Beide Produkte müssen vor Kindern sicher aufbewahrt werden. Synthetisches Bittermandelöl enthält keine Blausäure.

● Vorsicht geboten ist auch bei **Pilzen.** Wildpilze aus einigen Gegenden werden auch Jahre nach der Reaktorkatastrophe von Tschernobyl noch belastet sein, auf jeden Fall enthalten sie viel Cadmium. Darum: höchstens einmal in der Woche essen, besser ganz auf sie verzichten. Wer oft Waldpilze ißt, sollte andere stark belastete Speisen, wie zum Beispiel Leber, vermeiden. Zuchtpilze dagegen können bedenkenlos gegessen werden.

● Wenn vom »Selbstmord mit Messer und Gabel« die Rede ist, meinen Skeptiker damit meist den Genuß von **Fleisch, Wild und Geflügel.** Direkt lebensgefährlich ist der Verzehr dieser Lebensmittel wohl noch nicht, doch Ihrer Gesundheit zuliebe sollten Sie gerade bei diesen Speisen vorsichtig sein:
– Wild sollte wegen der hohen Belastung mit Schadstoffen nur selten auf der Speisekarte stehen.
– Innereien höchstens alle 14 Tage einmal essen.
– Mageres, abgehangenes, beim Schwein durchwachsenes, marmoriertes Fleisch verlangen.
– Stark gepökeltes Fleisch (Kaßler) oder Wurst nur selten essen, denn Pökelsalz enthält Nitrit. Bei der Zubereitung sollte die Temperatur nicht mehr als 150 Grad Celsius betragen, da sonst Nitrosamine entstehen – also nicht braten oder grillen. Nichts Gepökeltes mit Käse überbacken, das begünstigt ebenfalls die Entstehung von Nitrosaminen. Weiß- und Gelbwurst sowie Frischfleisch enthalten kein Nitritpökelsalz.
– Die äußere Schicht schwarzgeräuchterter Waren kann krebserregende Benzpyrene enthalten: Vor dem Verzehr entfernen. Benzpyrene können sich auch bei unsachgemäßem Grillen bilden, deshalb nur Holzkohle verwenden, gut durchglühen und kein Fett in die Glut tropfen lassen, mageres, nicht gepökeltes Fleisch zum Grillen verwenden.
– Beim Braten oder Grillen verkohlte Stellen nicht mitessen.
– Unterschätzen Sie die Gefahr von Salmonellenvergiftungen nicht: Rohes Fleisch, besonders Hackfleisch und Geflügel, noch

am Einkaufstag verbrauchen und immer sehr gut durchgaren. Bei Tiefkühlware das Auftauwasser sofort weggießen, alle benutzten Geräte sehr heiß abwaschen, Hände gründlich reinigen. Beim Aufwärmen die Speisen noch einmal gut erhitzen.

Übrigens: Um eine tierische Kalorie zu erzeugen, muß das Siebenfache an pflanzlichen Kalorien verfüttert werden. Die Tiere, die für den hohen Fleischkonsum der reichen Länder gemästet werden, verbrauchen also pflanzliche Nahrung, die ansonsten der menschlichen Ernährung direkt zur Verfügung stünde. Würden alle Menschen soviel Fleisch verzehren wie wir, könnten nur 1,5 von 5 Milliarden Menschen auf der Erde ernährt werden.

● **Fisch** ist ein hochwertiges, gesundes Lebensmittel und sollte mindestens einmal in der Woche auf dem Speiseplan stehen. Wegen überdurchschnittlicher Schadstoffbelastung muß allerdings von folgenden Produkten abgeraten werden: Fischleber, Lebertran, Muscheln, Fischen aus deutschen Flüssen und ihren Mündungsgebieten sowie Meeresfrüchten aus dem Mittelmeer.

– Wenig belastet dagegen sind im allgemeinen Seefische (z.B. Kabeljau, Schellfisch, Scholle und Sardinen), Binnenseefische und Fische aus Fischzuchten.

– Nordseefisch kann von Nematoden (Rundwürmern) befallen sein, die aber harmlos sind, wenn der frische Fisch gründlich durchgegart wird. Tiefkühlfische und Produkte, die mindestens dreißig Tage lang in Salz und Essig eingelegt waren, sind in dieser Hinsicht unbedenklich.

● Auch **Trinkwasser** ist ein Lebensmittel, und zwar unser Lebensmittel Nummer 1. Leider ist auch das kostbare Naß nicht mehr überall so klar und rein, wie es sein sollte. Vor allem zwei Schadstoffe belasten unser Trinkwasser: Nitrat und Natrium. Die entsprechenden Werte können Sie bei Ihrem zuständigen Wasserwerk erfragen.

– Seit Oktober 1986 darf der Nitratgehalt nicht mehr als 50 Milligramm pro Liter betragen. Leider wird dieser Grenzwert bei etwa 10% unseres Trinkwassers – besonders in landwirtschaftlich intensiv genutzten Gebieten – immer noch überschritten. Da schadet es nicht, wenn Sie zum Trinken und Kochen auf nitratarmes Mineralwasser zurückgreifen. Für die Zubereitung von Säuglingsnahrung benötigt man sogar Wasser, das weniger als 10 Milligramm Nitrat pro Liter enthält. Wird dieser Wert bei Ihrem Trinkwasser überschritten, greifen Sie im Interesse Ihres Kindes unbedingt auf nitratarmes Mineralwasser (ist auf dem Etikett meist angegeben) zurück.

– Ähnliches gilt für den Salzgehalt (Natriumgehalt) von Leitungs- und Mineralwasser. Für die Zubereitung von Säuglingsnahrung sollte er 20 Milligramm Natrium pro Liter nicht überschreiten.

– Befinden sich in Ihrem alten Haus noch Wasserleitungen aus Blei, kann die Bleikonzentration im Trinkwasser bedenklich hohe Werte erreichen – besonders gefährlich ist dies für Kleinkinder. Verwenden Sie in solchen Fällen kein abgestandenes Leitungswasser, sondern lassen Sie das Wasser erst einige Minuten laufen, besonders morgens. Das erste Wasser aus der Leitung kann zum Waschen oder Putzen verwendet werden. Langfristig sollte man versuchen, die alten Bleirohre austauschen zu lassen. Sprechen Sie darüber mit Ihrem Hausbesitzer und versuchen Sie, die anderen Mietparteien im Haus zu überzeugen. Wasserproben kann man bei den örtlichen Gesundheitsämtern untersuchen lassen. Bei sehr hohen Bleikonzentrationen ist es sinnvoll, zum Trinken auf Mineralwasser umzusteigen.

● Auf den ersten Blick nicht einsichtig, aber sehr wirksam: Auch gesunde, naturbewußte Ernährung kann zur Vermeidung des Treibhauseffektes beitragen. Zwei wichtige Treibhausgase sind nämlich Methan und Lachgas. Ersteres entweicht in klimawirksamen Mengen aus den Mägen und Därmen von mehr als einer Milliarde Rinder auf dieser Erde. Ihre Zahl steigt auch noch ständig, weil Fast-Food-Konzerne immer größere Herden zur Vorratshaltung brauchen. Also: Jeder Hamburger, aber auch jedes Steak weniger trägt ein bißchen dazu bei, unsere Erde zu retten.
Lachgas entsteht auf stickstoffüberdüngten Feldern der modernen Intensiv-Landwirtschaft. Ein Bonus für Sie, wenn Sie Ihr Obst und Gemüse bei Händlern kaufen, die für kontrolliert biologischen Anbau ihrer Produkte garantieren.

Freizeit

Der behutsame Umgang mit der Natur, dem gemeinsamen Lebensraum für Menschen, Tiere und Pflanzen ist leider keine Selbstverständlichkeit. Sportliche Ambitionen, Freizeitspaß und Urlaubsvergnügen stehen heute bei den meisten Menschen höher im Kurs als der Schutz der Natur. An jedem von uns ist es also, daran mitzuwirken, die letzten Oasen intakter Natur zu erhalten.

Hinweise zum Naturschutz in Freizeit und Urlaub

Beim Wassersport

Surfer, Segler, Ruderer und andere Wassersportler bedrohen Schilf- und Rohrichtbestände an unseren Gewässern, die als Lebensraum für Tiere besonders wertvoll sind.
80 Prozent der bedrohten Vogelarten sind auf solche Feuchtgebiete angewiesen. Doch diese Flächen werden durch Badeanlagen, Wochenendhäuser, Campingplätze, Bootsstege, Angelplätze und Uferwege drastisch eingeengt. Die wenigen Bereiche, die den Pflanzen und Tieren noch geblieben sind, müssen sie mit immer mehr Wassersportlern teilen. Um diese wichtigen Biotope zu schützen, beherzigen Sie bitte die folgenden Tips:

- Informieren Sie sich vorher über Schutzvorschriften für das Gewässer, auf dem Sie Wassersport treiben wollen. Auskunft erhalten Sie bei den zuständigen Gemeinden und Landratsämtern oder auch bei Segelclubs und Surfschulen. Beachten Sie auch die Hinweistafeln.

- Verhalten Sie sich besonders rücksichtsvoll in Natur- und Landschaftsschutzgebieten. Akzeptieren Sie Vorschriften und Markierungen, die Wassersportler von bestimmten Gebieten ausschließen, auch wenn diese Flächen nicht abgesperrt sein sollten.

- Parken Sie nicht auf unbefestigten Flächen wie Feld- und Waldwegen oder gar Wiesen. Benutzen Sie die ausgewiesenen Parkplätze, einem Sportsmann wie Ihnen darf doch ein kleiner Fußmarsch nichts ausmachen!

- Gehen Sie immer auf befestigten Wegen zum Wasser. Halten Sie an Land mindestens 50 Meter Abstand zum Uferbereich. Bahnen Sie sich nie einen Weg durch die Ufervegetation zum Wasser. Benutzen Sie auch keine Trampelpfade, um ans Wasser zu gelangen, dafür gibt es befestigte Wege und offizielle Einlaßstellen. Denn die Uferbepflanzung ist äußerst empfindlich, sie dient als Brut-, Rast- und Nistplatz für Vögel, als Laichplatz für Amphibien und Fische, sie ist Nahrungsraum für viele Arten und schützt das Ufer vor Wellenerosion. Denken Sie nicht, die anderen gehen ja auch da, sondern seien Sie anderen ein Vorbild.

- **Surfen** – das ist sicher eine schöne Sport- und Freizeitbeschäftigung, eine Betätigung die einem eigentlich die Natur näher bringen sollte. Doch das Gegenteil ist meist der Fall: Mit dem Surfbrett auf dem Dach geht es am Wochenende raus – natürlich im stundenlangen Stau. Am See angekommen, sieht man oft vor lauter anderen Brettern das Wasser nicht mehr, vor lauter Segeln die Ufer nicht.

● Halten Sie als Segler und Surfer einen Abstand von 100 Metern, als Ruderer und Paddler einen Abstand von mindestens 50 Metern zum Ufer ein. Fahren Sie nie in Röhrichtbestände, Schilfgürtel, Ufergehölze und dicht bewachsene Uferpartien.

● Umfahren Sie größere Vogelansammlungen auf dem Wasser in möglichst großer Enfernung.

● Beobachten Sie Tiere grundsätzlich nur aus der Ferne. Auch als stiller Beobachter stören Sie allein schon durch Ihre Anwesenheit. Und fotografieren sollten Sie ebenfalls nur aus der Distanz. Für ein Tier bedeutet es richtigen Streß, wenn ständig Menschen seine Fluchtdistanz unterschreiten. Ein brütender Vogel bleibt so lange als irgendwie möglich auf seinem Nest. Flüchtet er aber doch, kühlen die Eier aus oder sie werden Beute anderer Tiere.

● Machen Sie keinen unnötigen Lärm. Sie stören nicht nur die Natur – und das oft sehr nachhaltig, sondern auch andere Erholungsuchende.

● Nehmen Sie Abfälle und Speisereste mit zum nächsten Abfallkorb. Dies gilt ebenso für Zigarettenstummel. Auch Bootsfahrer müssen ihren Abfall wieder mit zurücknehmen. Werfen Sie ihn über Bord, gefährden Sie Fische, Pflanzen und die Wasserqualität.

Diese Regeln für Wassersportler gelten natürlich auch entsprechend für **Badende, Schwimmer und Sonnenbader** – und noch eine mehr:

● Gehen Sie sparsam mit Sonnencremes und Sonnenölen um, wenn Sie auch baden wollen. Lassen Sie das Schutzmittel auf jeden Fall erst richtig in die Haut einziehen, bevor Sie ins Wasser gehen. Das Wasser kann die von Ihrer Haut abgeschwemmten Fette nur sehr langsam wieder abbauen. Weder Sie noch andere Menschen noch Tiere und Pflanzen fühlen sich in einer »öligen Brühe« wohl.

Im Gebirge

Bleiben wir nach dem Wassersport gleich bei einer Bewegungsart in freier Natur, die – leider – zu einem Massensport ausgeartet ist: das **Gleitschirmfliegen.** Mit diesen leichten Fluggeräten erreicht man Gegenden im Gebirge, wohin sich sonst – Gott sei Dank – kein Mensch verirren kann, die aber wichtige Rückzugsgebiete für Vögel sind. Viele Tiere verwechseln Flugbild und Silhouette des Gleiters mit einem unbekannten Raubvogel und fliehen in tödlicher Panik. In der Schweiz wurde das »Gleiten« aus diesem Grunde bereits uneingeschränkt verboten.

● Wenn Sie schon nicht darauf verzichten wollen, fliegen Sie nur von den offiziellen Startplätzen aus und gönnen Sie den Tieren eine »Schonzeit« während der Brut- und Aufzuchtzeit. Diese ist beim zuständigen Forstamt zu erfragen.

Apropos Gebirge: Kein Natur- und Lebensraum ist durch unsere Freizeitaktivitäten so nachhaltig bedroht wie die Alpen. 1987 rückte das Problem so recht in das Blickfeld der Öffentlichkeit. Katastrophale Erdrutsche (Veltlin!), verheerende Hochwasser – ein einziger verregneter Sommer hatte die Berge offenbar ins Wanken gebracht. Als sich die tiefen Regenwolken verzogen hatten, war klar: Das waren keine Naturkatastrophen im eigentlichen Sinn, das waren die Folgen menschlichen Raubbaus, die die Alpen so auf Talfahrt brachten. Millionen von Skifahrern, Wanderern und Bergsteigern jährlich, dazu Mountain-Bike-Fahrer, Gleitschirmsegler – das hält selbst das stärkste Gebirge nicht aus. Damit dieses einmalige Naturparadies Alpen nicht eines Tages völlig vor uns, die wir einen Teil unserer Freizeit dort verbringen wollen, abgeriegelt werden muß, müssen wir uns dringend an einige Regeln halten, zum Beispiel beim **Skifahren:**

● Verhalten Sie sich bereits bei der Wahl Ihres Wintersportes und der Gestaltung des Urlaubes umweltgerecht. Boykottieren Sie riesige Skizentren mit aus dem Boden gestampften Retortenstädten, die jährlich stolz den Bau eines neuen Super-Liftes, einer neuen gigantischen Abfahrt vermelden. Es gibt inzwischen Wintersportorte, die bewußt auf weitere Baumaßnahmen, auf neue Pisten und Aufstiegshilfen verzichten, um ihr wertvollstes Kapital, die Natur, nicht weiter zu gefährden.

● Müssen es denn wirklich jeden Winter drei Wochen Skiurlaub sein, reichen nicht auch zwei oder sogar alle zwei Jahre drei Wochen?

● Wie gut tut es der geschundenen Bergwelt auch, wenn Sie nicht von der ersten bis zur letzten Stunde auf den Brettern stehen, sondern auch noch andere Aktivitäten einschieben: Gehen Sie doch mal spazieren, Winterwanderungen sind etwas Herrliches, machen Sie Langlauf, gehen Sie ins Hallenbad und und und ...

● Beim Skifahren selbst sollten Sie als umweltbewußter Skifahrer generell das Fahren abseits markierter Pisten meiden, bei wenig Schnee überhaupt nicht fahren, Skitouren und Tiefschnee-Abfahrten in unberührtem Gelände drastisch reduzieren, nicht durch Waldgebiete und schon gar nicht durch Schonungen abfahren.

Auch beim Wandern, Bergsteigen und Klettern können Sie sich so verhalten, daß die Natur geschont wird.

● Bleiben Sie auf den befestigten Wege, Steigen und Pfaden. Jeder Tritt in die freie Natur zerstört Vegetation, jeder weggetretene Stein, jede ausgetretene Abkürzung in Fallinie erhöhen die Erosionsgefahr, das heißt, die Gefahr, daß der ganze Berghang bei einem starken Regen ins Rutschen kommt.

Im Wald

Er hat's nicht leicht, unser schöner deutscher Wald: Schon durch das Waldsterben ganz schön ramponiert, muß er auch noch als der Deutschen liebster Freizeitpark herhalten. Damit nicht eines Tages am Eingang zum dunklen Forst die Schilder »Betreten verboten« stehen müssen, sollten wir sorgsam mit dem Wald umgehen.

● Es kann nicht oft genug gesagt werden: Im Wald kein offenes Feuer machen. Schon der Funken einer Zigarette kann den verheerendsten Waldbrand auslösen.

● Ihr Auto gehört auf den Parkplatz. Die Wälder sind Fußgängerzonen.

● Verhalten Sie sich ruhig im Wald. Lärm stört andere Erholungsuchende und vor allem die »Hausherren« im Wald, das Wild.

● Scheuchen Sie das Wild nicht auf, vor allem nicht in dichten Schonungen – dort haben die Tiere ihre Kinderstube.

● Im Wald nicht wild campen. Das ist – ebenso wie das Feuermachen – übrigens sogar bei Strafe verboten.

● Nehmen Sie Ihren Abfall wieder mit nach Hause oder zum nächsten Abfallkorb. Der Wald ist keine Müllkippe.

● »Ich schnitt in seine Rinde so manches süße Wort...« – das durfte nur Franz Schubert in seinem Lied. Sie dürfen Bäume nicht beschädigen – sie sind auch Lebewesen.

● Füße weg von Forstkulturen. Hier wachsen empfindliche Pflanzen heran, ohne die der geschädigte Wald nicht überleben kann.

● Blumenpflücken – ja, aber allenfalls ein kleines Sträußchen, jedoch keine geschützten Pflanzen. Die meisten von ihnen sind vom Aussterben bedroht.

Im Urlaub

Der Urlaub ist die schönste Zeit des Jahres, und das soll er auch bleiben. Erholsame Wochen nach dem Arbeitsstreß, Sonne, Faulenzen, Genießen der freien Natur, Kultur und Lebensgewohnheiten anderer Völker und Länder sind zu einem unverzichtbaren Teil unseres Lebens geworden. Doch wie wir uns in allen Lebensbereichen umstellen müssen, um unsere Erde zu retten, so müssen wir für die Zukunft auch darüber nachdenken, ob wir unser Urlaubsverhalten nicht ändern müssen – schon aus eigenem Interesse. Denn wer hat sich nicht schon darüber geärgert, daß der Tourismus zu einer Industrie verkommen ist, mit allen negativen Begleiterscheinungen, mit Wohnsilos, Bettenburgen, überfüllten Stränden, zu teuren Restaurants, mit Urlauber-Ghettos ohne Kontakt zu den Einheimischen, mit stundenlangen Wartezeiten auf überfüllten Flughäfen, kilometerlangen Staus auf den Autobahnen, mit Horden von Wanderern auf »einsamen« Bergpfaden und und und.

● »Sanfter Tourismus« und »Umweltfreundlicher Urlaub« sind nicht nur Schlagworte. Ihre Beherzigung soll allen zugute kommen: der bedrohten Natur in den Urlaubsorten, den Einheimischen, die zwar vom Fremdenverkehr leben, aber auch an ihm zu ersticken drohen, und den Urlaubern selbst, denen der Massentourismus ein Dorn im Auge ist, und die nach Alternativen suchen. Die Zeitschrift »natur« hat 36 Vorschläge aufgelistet, wie Reiseveranstalter, Urlauber, aber auch (die von uns geforderten) politisch Verantwortliche die Idee vom »sanften Reisen« verwirklichen könnten:

– **Reiseveranstalter** arbeiten mit ehrenamtlichen Vereinen zusammen. Sie entwickeln ihre Programme und Angebote gemeinsam mit Dritte-Welt-Initiativen, Umweltschützern und Verbraucher-Organisationen.
– Bei allen großen Reiseveranstaltern arbeiten **Umweltbeauftragte.** Sie pflegen regelmäßige Kontakte zu den Öko-Verbänden, erstellen Kunden-Informationen zum Sanften Reisen und entwickeln umweltverträgliche Planungen für Unterkünfte oder Reiserouten.
– Reisebüros schulen ihre Mitarbeiter nicht nur in Verkaufspsychologie, sondern vermitteln ihnen auch **Kenntnisse im Umweltschutz** und informieren sie über die Kultur der Reiseländer.
– **Reisekataloge** enthalten auch Angaben über Umweltbelastungen, die am Urlaubsort bereits bestehen oder zu befürchten sind (Lärm, Industriegebiete, Algenteppiche usw.).
– Schon in ihren Prospekten geben die Reiseveranstalter **Ratschläge**, wie man sich im Urlaubsgebiet umweltfreundlich verhalten kann.
– Literatur-Empfehlungen in den Katalogen ermöglichen es, sich vor der Reise anhand von Büchern mit Land und Leuten bekannt zu machen. **Bücher zum Sanften Tourismus** stimmen auf die Reise ein.
– Die Urlauber reisen umweltfreundlich mit Bus oder Bahn an. Der **Verzicht aufs Auto** erhöht die Attraktivität Ihrer Urlaubsregion: weniger Lärm, Abgase, Stau, Parkplätze und Unfälle.

– Wer zur Anfahrt trotzdem nicht aufs Auto verzichten kann, bekommt nach seiner Ankunft für die Dauer des Urlaubs ein kostenloses oder stark verbilligtes Ticket für die öffentlichen **Nahverkehrsmittel** sowie Gutscheine für Ausflugsfahrten.
– Die Ferienorte richten einen Busservice für ihre Gäste ein.
– Örtliche Mietwagenverleiher rüsten auf **Elektroautos und Solarmobile** um. Ihre geringe Reichweite im Vergleich zu herkömmlichen Autos wirkt sich in einem Urlaubsgebiet nicht nachteilig aus.
– Die Anreise wird bereits als Erlebnis geplant, mit viel **Muße und Fahrtunterbrechungen** an interessanten Orten und in landschaftlich reizvollen Gegenden.
– Als Unterkünfte werden **kleine Pensionen und von Privat vermietete Zimmer** bevorzugt. Dann müssen für die Gäste nicht eigens Hotels oder große Appartementparks gebaut werden, die die Urlaubslandschaft zubetonieren.
– Die Unterbringung in Privatzimmern, die Einheimische vermieten, erspart das **Touristen-Ghetto**, in dem man ohnehin nur wieder Deutsche trifft.
– Die Gästeunterkünfte heben sich im Komfort nicht extrem von den Wohnungen der Einheimischen ab. Abschreckende Beispiele gibt es in den Ferienregionen der Dritten Welt zur Genüge: Das Luxushotel direkt neben dem Elendsviertel.
– Nur die **Einheimischen** verdienen als Vermieter, Ladenbesitzer, Freizeitanbieter oder Fremdenführer am Tourismus, nicht aber auswärtige oder gar ausländische Investoren.
– Der Urlaubsort macht sich zum Vorreiter in Sachen Umweltschutz, indem er Naturschutzgebiete ausweist, vorbildliche **Müllkonzepte** verwirklicht, Kläranlagen baut.
– In den Kommunen, auf die sich der Fremdenverkehr konzentriert, sitzen Umweltschützer, Hoteliers, Politiker und Reiseveranstalter am Runden Tisch zusammen, um **Gesamtkonzepte** für die Entwicklung der Gemeinde zu beraten.

– Biolandwirte beliefern Hotels und Vermieter mit **gesunden Nahrungsmitteln.**

– Speisen und Getränke aus der **Region** werden bevorzugt, denn die Küche ist Teil der Kultur einer Gegend. Urlauber in Bayern essen nicht Quark aus Schleswig-Holstein oder Käse aus Holland; Deutsche in Spanien bestehen nicht auf Wiener Schnitzel oder Schweinebraten mit Knödeln.

– Nach dem Frühstück bleiben keine Abfallberge aus Plastik, Aluminium und Zellophan auf den Tellern zurück, weil die Büffets **müllfrei** angeboten werden.

– Die Urlauber wählen **umweltschonende Sportarten** wie Wandern, Schwimmen, Radfahren.

– Das **Freizeitangebot**, das den Einheimischen zur Verfügung steht, wird auch von den Urlaubsgästen genutzt, etwa die vorhandenen Museen, Sportplätze, Jugendzentren.

– Um künstlich geschaffene Ferien-Center machen sanfte Urlauber einen Bogen. Ihnen geht es um Erlebnisse in gewachsenen Kulturlandschaften oder in der **Natur.**

– **Fotografieren** kann eine Brücke zwischen dem Fotografen und seinem Motiv sein – wenn er um Erlaubnis fragt, landesübliche Verbote berücksichtigt und nach der Reise die versprochenen Abzüge schickt.

– Mitmachen bei der Landschaftspflege: Lust an Bewegung in frischer Luft verbindet sich mit dem **Nutzen für den Naturschutz.**

– Die Urlauber nehmen sich viel **Zeit** und gönnen sich Muße für Gespräche, Begegnungen und Beobachtungen, statt im Streß vermeintliche Sehenswürdigkeiten abzuklappern.

– Mit dem Kauf von Souvenirs kann der Tourist durchaus das örtliche **Kunsthandwerk** unterstützen. Er erwirbt keine seltenen Antiquitäten, was auf die Dauer zum kulturellen Ausverkauf der Urlaubsländer führen würde. Er lehnt Mitbringsel aus Schildpatt, Korallen oder Elfenbein ab.

– Die Touristen bringen ihren Gastgebern kleine Geschenke

mit, damit sie nicht ständig die Nehmenden sind. Ein Rezept von zu Hause, Fotos von der Familie oder ein Buch in der Hand erleichtern es, **Kontakte** zu knüpfen.

– **Sprachkurse und die Lektüre guter Reiseführer**, die auch über den Alltag im Gastland berichten, steigern nicht nur die Vorfreude, sondern erleichtern es dem Gast, sich schnell einzugewöhnen.

– Die Touristen vermeiden »Fettnäpfchen«, indem sie sich mit Kleidung (etwa in islamischen Ländern) und Verhalten (wenn es um religiöse Verbote geht) auf die **Sitten und Gebräuche** des Gastlandes einstellen.

– Besser als Geld und Süßigkeiten für bettelnde Kinder ist in Entwicklungsländern ein sinnvolles **Geschenk an die Schule**.

– Die **Vermeidung von angeberischem Luxus**, etwa in der Kleidung, bei Kameras oder Schmuck, erspart in ärmeren Ländern den Neid der Menschen, die sich solche Dinge nicht leisten können.

– **Fernreisen** sind im Sanften Tourismus die Ausnahme, weil sich dabei umweltschädigende Flüge nicht vermeiden lassen und die Distanz zu den Einheimischen – aufgrund des unterschiedlichen Lebensstandards, der Sprachschwierigkeiten und der fremden Kultur – zu groß ist.

– Der **Urlaub zu Hause** bietet völlig neue Möglichkeiten, zum Beispiel die eigene Stadt zu entdecken oder Freunde aus den Ferien des letzten Jahres zu einem Gegenbesuch einzuladen.

Garten

Vorschläge zum Umwelt- und Naturschutz im Garten

Schädlingsbekämpfung ohne Gift

Jeder große Laubbaum produziert soviel Sauerstoff, wie ein Mensch zum Leben braucht. Ein mit Laubbäumen bestandenes Grundstück von 1000 Quadratmeter Fläche bindet pro Jahr immerhin 16 Tonnen des Treibhausgases Kohlendioxid. Pflanzen Sie im Garten Laub- oder Nadelbäume, begrünen Sie Ihre Hauswände mit einer Schutzhülle aus Kletterpflanzen, ziehen Sie für Ihre Hecken Sträucher mit hohem ökologischen Stellenwert wie Haselnuß, Feldahorn oder auch Buchen den Thujen vor.

● Jeder Gartenbesitzer- oder benutzer, der gegen Unkraut und angebliche Schädlinge noch die chemische Keule schwingt, trägt zur Verseuchung unserer Böden bei. Dabei kann sich die Natur selbst am besten schützen. Beispiel Blattläuse: Wenn Sie in Ihrem Garten keine chemischen Mittel spritzen, werden sich in kürzester Zeit sehr viele Marienkäfer einfinden. Und die sind immer noch Ihre beste Waffe gegen Blattläuse.

● Es würde den Rahmen dieses Buches sprengen, hier alle natürlichen Methoden aufzuzählen, mit denen Sie im Garten auftretende Schädlinge oder Krankheiten bekämpfen können. Nachstehend nur einige Beispiele, wie man ohne Gift gegen sie ankämpfen kann. Diese Methoden zeigen, daß wirklich gegen alles ein natürliches Kraut gewachsen ist:
Schorf bei Apfel- oder Birnbäumen läßt sich durch gut ausge-

lichtete Baumkronen verhindern. Der Pilz braucht nämlich Wärme und hohe Luftfeuchtigkeit.
Möhrenfliegenbefall läßt sich praktisch vermeiden, wenn Sie die Möhren nicht in windgeschützte Lagen pflanzen und die Kultur im Frühjahr mit einem Kunststoff-Vlies abdecken.
Schnecken werden im *zeitigen* Frühjahr mit Bierfallen angelockt: Joghurtbecher im Boden eingraben und mit Bier füllen. Durch den Geruch werden die Schnecken angelockt, fallen hinein und ertrinken. Wichtig ist die frühzeitige Anwendung, bevor die Schnecken durch einen reich mit frischem Salat oder Erdbeeren gedeckten Tisch abgelenkt werden.
Auch eine Reihe von Pflanzen kann die Giftspritze ersetzen:
Zwiebeln zwischen Erdbeeren halten Pilze fern.
Ringelblumen schützen Kohl und Tomaten vor Schädlingen.
Duftende Kräuter können Nacktschnecken, Blattläuse und Ameisen abhalten.

● Machen Sie ruhig mal den Mund auf: Wenn Sie sich mit Ihren Nachbarn zusammentun und protestieren, wird es sich die Gemeinde- oder Stadtverwaltung zweimal überlegen, ob sie in der nahen Grünanlage oder dem Stadtpark weiter mit der Giftspritze zu Werke geht.

Düngen im Garten? Ja – aber richtig!

Ein heißes Eisen für jeden Hobbygärtner ist das Thema **Düngen.** Jeder behauptet von sich, es richtig zu machen, jeder glaubt, *das* Patentrezept gefunden zu haben. Doch offenbar machen wir so ziemlich alle alles falsch. Untersuchungen haben ergeben, daß etwa 80 Prozent unserer Gartenböden *über*düngt sind – und das ist genauso nachteilig wie das Fehlen bestimmter Nährstoffe im Boden. Nahezu alle Pflanzen reagieren auf die Überversorgung; je nach Nährstoff zeigen sie Geilwuchs, sie schießen »ins Kraut«, werden anfälliger für Krankheiten und

Schädlinge oder reagieren sogar mit Wachstumshemmungen. Doch das schadet nicht nur dem Gärtner; weitaus schlimmer ist: Durch Düngung zum falschen Zeitpunkt, in falscher Form und in zu großen Mengen gelangen die Nährstoffe ins Grundwasser, ins Trinkwasser und weiter in Bäche und Flüsse, wo sie zu Schadstoffen werden.

● Wenn Sie also das Gefühl haben, daß Ihre Tomaten nicht so schön gedeihen, wie die Ihres Nachbarn oder Ihre Blumen noch prächtiger sein müßten: Lassen Sie Ihren Boden analysieren. Es gibt zahlreiche Untersuchungsstellen (bei der Gemeinde, bei Umweltinitiativen oder beim Naturschutzbund erfragen), die solche Untersuchungen (Kosten: zwischen 10,- und 30,- DM) durchführen und dann gleich auch noch eine individuelle Dünge-Empfehlung mitliefern. Dann können Sie Ihrem Boden das geben, was er wirklich braucht, und nicht das, was Ihnen die Werbung oder der Nachbar einredet. Der kleine Aufwand lohnt sich.

● Wenn Ihnen das trotzdem zuviel Mühe ist, halten Sie sich für das richtige Düngen an den Grundsatz: Nicht die Pflanzen füttern, sondern die Bodenlebewesen. Wenn Tiere und Pflanzen *im* Boden – vom Regenwurm bis zum kleinen Einzeller – im richtigen, im natürlichen Gleichgewicht vorhanden sind, dann stimmt Ihr Boden, dann versorgt er sich selbst mit allen notwendigen Nährstoffen.

● Verzichten Sie aufs Umgraben: Es bringt diese natürliche Bodenschichtung durcheinander, schadet mehr als es nützt. Zur Belüftung reicht es aus, den Boden mit der Ziehhacke (einem groben Rechen) etwas aufzulockern.

● Wenn schon Dünger, dann bringen Sie möglichst nur reifen Kompost, allenfalls Hornspäne oder Gesteinsmehle zur Bodenverbesserung ein.

● Viel wichtiger für ein gesundes Bodenleben ist die Mulchdecke aus Rohkompost, Stroh, Häcksel, Laub oder Rindenmulch. Sie schützt den Boden und seine Lebewesen vor dem Austrocknen. Mit der Zeit verrottet die Mulchdecke außerdem zu wertvollem Humus und versorgt über ihre Zersetzungsprodukte den Boden mit Nährstoffen.

● Im Handel erhältliche organische Dünger wie Hornspäne, Blut- und Knochenmehl und andere verbessern im allgemeinen nicht den Boden, sondern dienen vorwiegend der Versorgung der Pflanzen. Im Gegensatz zu vielen mineralischen Düngern haben sie aber eine Langzeitwirkung (das heißt, sie sind nicht sofort für die Pflanzen verwertbar), weil ihre Nährstoffe erst durch die Bodenorganismen aufgeschlossen werden müssen.

● Von dem Einsatz von chemischen oder Mineraldüngern ohne vorherige Bodenanalyse ist strikt abzuraten. Nur wenn diese ergibt, daß zum Beispiel Stickstoff oder Kali fehlen, können diese Nährstoffe dem Boden gezielt geliefert werden. Die im Handel erhältlichen Mehrkomponenten-Dünger mit allen Nährstoffen sind meist überflüssig.

● Beliebt, jedoch unsinnig, weil nutzlos, ist auch die massenhafte Verwendung von **Torf** in unseren Gärten. Jeder Gartenbesitzer, der Torf verwendet, trägt damit zu einer der schlimmsten direkten Naturzerstörungen unserer Zeit bei: Jedes Jahr verschwindet in der Bundesrepublik eine Fläche von 1000 Hektar (das entspricht etwa 1000 Fußballfeldern) Hochmooren, den Lieferanten unseres Gärtnertorfes. Damit wird wertvollste Naturlandschaft mit seltenen Tier- und Pflanzenarten unwiederbringlich zerstört (Moore können nicht rekultiviert werden), weil wir der Werbung glauben und Torf für *das* Wundermittel in unseren Gärten halten.

● Dabei hat Torf nur eine einzige für uns nützliche Eigenschaft: die Speicherung von Wasser. Lediglich bei seiner Zersetzung gibt er Substanzen an den umgebenden Boden ab, die das Wurzelwachstum der Pflanzen anregen.

● Es gibt eine Reihe von Alternativen zum Torf, die ihre Aufgaben häufig sogar besser erfüllen als dieser – und nicht um den Preis der Zerstörung der Moore. Alternativen sind: Kompost, zerkleinerte und kompostierte Baumrinde, Mist und Stroh, Gründüngung, Mulchen.

● Auch normale Pflanzerde enthält häufig Torfanteile. Achten Sie deshalb beim Kauf darauf, denn: Wer keinen Torf verwendet, leistet einen aktiven Beitrag zur Erhaltung der letzten Moore.

● **Gießen mit Regenwasser.** Wo immer es möglich ist, stellen Sie eine Tonne auf, die das Regenwasser auffängt, und verwenden Sie es zum Gießen Ihres Gartens. Das Trinkwasser aus der Leitung ist für diesen Zweck viel zu kostbar. Nur in Gegenden, wo Industrieanlagen, Kraftwerke und ähnliche Einrichtungen das Regenwasser nachweislich mit Schadstoffen belasten, sollten Sie mit Leitungswasser gießen.

Der naturnahe Garten

Ihr Garten ist nicht nur ein Stückchen Natur, auf dem Tulpen und Rosen, Erdbeeren und Salat wachsen, er kann auch Lebensraum für eine Reihe von Tieren sein. Um den Tieren diesen Lebensraum zu bieten (und sich die Freude an vielen Vögeln und Schmetterlingen in Ihrem Garten zu machen), müssen Sie Ihren Garten möglichst naturnah anlegen. Es gibt eine große Auswahl an Fachliteratur über den **naturnahen Garten;** hier nur die wichtigsten Tips:

● Grundgerüst für Ihren naturnahen Garten sind Hecken. Einheimische Arten wie z.B. Holunder, Schlehe, Haselnuß, Kornelkirsche, Heckenrose und Brombeere sind ausländischen Nadelhölzern vorzuziehen. Je vielfältiger die Heckenpflanzung ist, um so mehr Vögel und Kleinlebewesen werden sich in Ihrem Garten einfinden.

● Eine Blumenwiese ist einem kurzgeschorenen Rasen vorzuziehen – aber nicht so strapazierfähig, wenn Sie zum Beispiel Kinder haben. Dann sollten Sie zumindest in einer wenig benutzten Ecke des Gartens Wildblumensamen ansähen und auf Ihrem Rasen Gänseblümchen und Löwenzahn stehenlassen. Sie werden staunen, wie schnell es in einer naturbelassenen Wiese wieder kreucht und fleucht.

● Verzichten Sie bei Blumen und Stauden auf noch so schöne Exoten. Ein farbenprächtiger Bauerngarten kann wunderschön sein und bietet viel mehr Lebensraum für Insekten.

● Zum Bauerngarten gehören Nußbaum, Quitte, Eberesche, Obstbäume, Holunder, Kornelkirsche, Buchsbaum; Lavendel, Rosmarin, Liebstöckel, Dill, Echter Salbei, Thymian, Majoran, Basilikum, Bohnenkraut, Estragon, Borretsch, Pfefferminze; Ringelblume, Löwenmaul, Stockrose, Bartnelke, Kaiserkrone, Tränendes Herz, Schleierkraut, Pfingstrose, Lampionblume.

● Damit sich Schmetterlinge in Ihrem Garten wohlfühlen, lassen Sie am besten in einer Ecke ein paar Brennesseln stehen (bestimmte Schmetterlinge brauchen sie zur Eiablage) und pflanzen ausgesprochene Falterblumen wie Lavendel, Phlox oder Sommerflieder.

● Legen Sie, wo immer es geht, einen Teich an. Schon der kleinste Tümpel im winzigen Reihenhausgarten wird – bei naturnaher Bepflanzung – zum Refugium für Libellen, Rückenschwimmer, Wasserläufer und anderes Kleingetier. Sie glauben gar nicht, wieviel Spaß es macht, an so einem Teich zu sitzen und sein Wasser-Leben zu betrachten. Und: Ein solcher Teich zieht auch Frösche an, und die helfen uns – natürlich – bei der Schädlingsbekämpfung. Sie fressen Schnecken.

● Wenn sich möglichst viele Vögel in Ihrem Garten heimisch fühlen sollen, müssen Sie ihnen die Möglichkeit bieten, sich ungestört aufhalten und sichtgeschützt nisten zu können. Hängen Sie an geeigneten Stellen spezielle Nistkästen für die in Ihrer Gegend vorkommenden Vögel auf (nähere Auskünfte erhalten Sie beim örtlichen Vogelschutzbund). Lassen Sie Sträucher und Hecken ungeschnitten, vor allem im Frühjahr und im Frühsommer. Sehr sichere und für Katzen unerreichbare Futter- und Nistplätze finden Vögel in begrünten Wänden. Lassen Sie in größeren Gärten tote Äste, absterbende Bäume und herabgefallenes oder geschnittenes Reisig nach Möglichkeit an Ort und Stelle, es dient Höhlenbrütern, aber auch Igeln als Unterschlupf. Auf die umstrittene Winterfütterung von Vögeln können Sie auf jeden Fall verzichten, wenn Sie Ihren gefiederten Freunden ein ausreichendes natürliches Nahrungsangebot bieten. Dazu gehören fruchttragende Gehölze wie Weißdorn, Zieräpfel, Felsenbirne, Kornelkirsche, Sanddorn, Wildrosen, aber auch viele Stauden und Wildgräser.

● Im Garten genauso wichtig wie in der Wohnung: Vermeiden Sie das umweltschädliche **Imprägnieren von Holz**. Erfreulicherweise wird Holz in unseren Gärten auch immer häufiger als Gestaltungselement eingesetzt, sei es für Zäune, für Gartenmöbel, für Beeteinfassungen oder als Spalier. Wenn Sie beim Bau dieser Elemente folgende Regeln beachten, können dem Holz auch ohne Imprägnieren Wasser und Feuchtigkeit nichts anhaben:

– Holz nicht in die Erde graben, sondern auf Stahlfüße in Betonfundamenten setzen.
– Hirnholzflächen, die nach oben stehen, müssen abgeschrägt sein, damit das Wasser ablaufen kann.
– Holzteile an Mauern (Spalier) nicht direkt, sondern mit Abstandshaltern befestigen, damit das Holz belüftet wird und Wasser ablaufen kann.
– Nägel und Schrauben von unten oder seitlich ins Holz führen; wenn es nur von oben möglich ist, die Schrauben und Nägel versenken und die Löcher mit Silikon-Dichtungsmasse verschließen.

● Auch Ihr Nachbar genießt die **frische Luft** im Garten genausogern wie Sie. Darum: Keine Müllverbrennung im Garten! Auch Gartenabfälle sollten nicht verbrannt, sondern kompostiert werden. Vermeiden Sie beim Grillen unangenehmen Qualm, indem Sie sich ein geeignetes Gerät anschaffen und richtig damit umgehen.

● Zum biologischen Gleichgewicht in Ihrem naturnahen Garten gehört auch die **Ruhe.** Arbeiten Sie nur mit geräuscharmen Gartengeräten (zum Beispiel Rasenmäher mit Umweltzeichen). Verzichten Sie im Garten auf Tonband oder Radio. Vermeiden Sie lautstarke Reparaturen, vor allem zu ungeeigneten Zeiten.

Haushalt

Untersuchungen zufolge eignet sich eine Vielzahl energiesparender Maßnahmen, den Energieverbrauch im Sektor Haushalt in fast allen Anwendungsbereichen zu senken.
Doch werden noch längst nicht alle sinnvollen Sparmöglichkeiten genutzt. Die nachfolgenden Tips enthalten ein reichhaltiges Angebot energiesparender Maßnahmen, die beweisen: Energiesparen im Haushalt lohnt sich: Es schont Ihren Geldbeutel und trägt zum Schutz unserer Umwelt bei.

Schon- und Spartips für den umweltbewußten Haushalt

Sofortmaßnahmen gegen das Ozonloch

● Verwenden Sie keine FCKW-haltigen Sprays. Auch die Ersatztreibstoffe Butan und Propan sind schädlich, sie tragen zum Treibhauseffekt bei.

● Alte Kühlschränke oder Gefriertruhen nicht einfach zum Sperrmüll geben oder gar im Wald abladen. Ihre Stadt oder Gemeinde holt die Geräte kostenlos ab und führt sie der sachgemäßen Entsorgung zu.

● Achten Sie beim Kauf von neuen Kühlgeräten darauf, daß diese bereits einen auf die Hälfte verringerten Anteil an FCKW im Wärmedämmaterial enthalten. Fragen Sie ausdrücklich danach, denn die Hersteller sind noch nicht verpflichtet, genaue Angaben auf den Geräten zu machen.

● Vielen unbekannt: Auch im Haus oder vom Handwerk verwendete Lösungs- oder Reinigungsmittel können FCKW enthalten. Greifen Sie lieber auf tensid- und alkoholhaltige Präparate zurück.

● Fragen Sie beim Kauf von Schaumstoffprodukten, ob diese FCKW-frei hergestellt wurden. Das gilt zum Beispiel für Sitzpolster, Matratzen und Wärmeisoliermaterial.

Energie sparen beim Spülen und Kühlen

● Kaum zu glauben, aber wahr: Es gibt ein elektrisches Haushaltsgerät, mit dem Sie gegenüber dem Handbetrieb sogar etwas sparen können: nämlich Wasser bei der **Geschirrspülmaschine.** Die modernen Energiespartypen verbrauchen für eine Füllung weniger Wasser und Heizenergie, als Sie für die gleiche Menge Geschirr beim manuellen Abwasch im Spülbecken brauchen.

● Trotzdem sind diese Geräte natürlich Stromschlucker: Eine Geschirrspülmaschine verbraucht in einer Stunde so viel Strom, wie eine Herdplatte, die zwei Stunden eingeschaltet ist. Lassen Sie die Maschine deshalb nur laufen, wenn sie voll beladen ist. Große Töpfe und Pfannen jedoch von Hand spülen, sie nehmen im Gerät zu viel Platz weg.

● Wenn Sie stark verschmutztes Geschirr vorher kurz unter kaltem (!) Wasser abspülen, können Sie fast bei jeder Füllung die Spartaste benützen.

● Für kleine Haushalte lohnt sich die Anschaffung eines Geschirrspülautomaten oft nicht, zumal kleine Geräte verhältnismäßig mehr Energie benötigen als große.

- Verwenden Sie möglichst Geschirreiniger ohne Phosphat und Chlor. Statt des Klarspülers (der enthält viel Chemie), kann auch dreiprozentiger Essig verwendet werden.

- Wenn Sie aber von Hand spülen wollen oder müssen: Verwenden Sie milde Spülmittel ohne Zusätze (»ohne Abtrocknen«). Diese Zusätze können Rückstände auf dem Geschirr hinterlassen, die man dann mit dem Essen zu sich nimmt.

Das sollte Sie nicht kalt lassen: Der sinnlose Stromverbrauch, der durch unsachgemäße Benutzung von **Kühlschränken** oder **Gefriertruhen** verursacht wird. Durch eine sinnvolle Betriebsweise lassen sich bei Kühlschränken etwa 17 Prozent des Energieverbrauches einsparen, bei Gefriergeräten sogar bis zu 35 Prozent.

- Wählen Sie die richtige Größe. In zu großen Kühlgeräten muß der ungenutzte Raum ständig mitgekühlt werden. Moderne Gefriertruhen haben allerdings eine Sparschaltung für halbe Füllungen.

Wenn Sie bereits einen Gefrierschrank oder eine Gefriertruhe besitzen, können Sie bei einer eventuellen Neuanschaffung eines Kühlschrankes auf das Gefrierfach verzichten. Es verbraucht sehr viel Energie und erhöht außerdem den Kaufpreis.

- Gefriertruhen verbrauchen weniger Energie als Gefrierschränke. Achten Sie generell schon beim Kauf auf den unterschiedlichen Stromverbrauch.

- Kühl- und Gefriergerät sollten einen kühlen Standplatz bekommen, also nicht in der Nähe des Küchenherdes, der Heizung oder an einem sonnenbeschienenen Platz. Beispiel: Steht das

Gefriergerät in einem kühlen, gut belüfteten Keller, braucht es bei gleicher Leistung 25 bis 30 Prozent weniger Strom als in einer geheizten Küche.

● Lassen Sie die Luftschlitze frei. Verdeckte Luftschlitze (Wärmestau!) erhöhen den Energieverbrauch.

● Die Kühlschlangen (an der Rückseite des Gerätes) alle halbe Jahre mit einem Staubsauger reinigen.

● Für Kühlschränke wird eine Temperatur von + 5 Grad Celsius empfohlen. Eine mittlere Temperatur von + 7 Grad reicht aber völlig aus – das Bier ist dann immer noch kühl genug. Die Stromersparnis gegenüber + 5 Grad beträgt etwa 15 Prozent. Zur Kontrolle lohnt sich die Anschaffung eines Kühlschrank-Thermometers.

● Das Gefriergut nur in völlig trockenem Zustand in die Truhe oder den Schrank legen, da sich die Feuchtigkeit sonst sofort als Eis niederschlägt.

● Dieses Eis hat nicht etwa eine kühlende Wirkung, es bewirkt das genaue Gegenteil. Wie der Iglu des Eskimos bildet das Eis eine Schutzschicht, die den Gefriervorgang behindert. Tauen Sie deshalb Kühl- und Gefriergeräte regelmäßig ab.

● Lassen Sie warme oder heiße Speisen zuerst auf Zimmertemperatur abkühlen, bevor sie in den Kühlschrank kommen, sonst muß dieser Vorgang – über Stromverbrauch – vom Kühlschrank übernommen werden. Alle Speisen, aus denen Wasser entweichen kann, sollten aus den obengenannten Gründen abgedeckt werden.

Damit Ihnen ein Licht aufgeht: energiesparende Beleuchtung

Der Anteil der Beleuchtung am Gesamtstromverbrauch beträgt in einem Vier-Personen-Haushalt nur etwa sieben Prozent, die Einsparungsmöglichkeiten scheinen also verhältnismäßig gering. Doch »Kleinvieh macht auch Mist«. Amerikanische Wissenschaftler haben beispielsweise folgendes berechnet: Wenn in allen amerikanischen Haushalten die Glühbirnen durch sogenannte Energiesparlampen ersetzt würden, könnte ein Atomkraftwerk abgeschaltet werden. Also können sich auch Kleinigkeiten zu wirksamen Maßnahmen summieren. Deshalb:

- Ersetzen Sie wo immer möglich Glühbirnen durch Energiesparlampen. Sie sind zwar in der Anschaffung etwa 15–20 mal so teuer (mit stark sinkender Tendenz!), haben aber die sechsfache Lebensdauer und verbrauchen nur ein Fünftel der Energie einer Glühlampe – bei gleicher Helligkeit natürlich.

- Das ständige Aus- und Einschalten von vorübergehend nicht benötigten Lampen ist unwirtschaftlich (wegen der verkürzten Lebensdauer). Erst wenn Sie länger als 15 Minuten (bei Energiesparlampen sogar 40 Minuten) kein Licht brauchen, ist das Abschalten sinnvoll.

- An Stelle einer Deckenlampe mit mehreren Glühbirnen, die den ganzen Raum ausleuchten soll, sind kleinere Lampen vorzuziehen. Mit ihnen lassen sich bestimmte Bereiche des Raumes ganz gezielt ausleuchten. Dies erspart oft auch unerwünschten Schattenwurf.

»Lebensmittel« Wasser

Die Sorglosigkeit im Umgang mit unserem kostbarsten Naß, dem Wasser, ist beängstigend. Wir verschwenden unser Wasser, als hätten wir unerschöpfliche Quellen – in Wirklichkeit wird mancherorts das Wasser bereits knapp. Dies hat zwei Ursachen. Eine, auf die wir keinen Einfluß haben, die zweite aber kann jeder von uns bekämpfen. Zur ersten Ursache: Aus unseren Wasserhähnen fließt, egal, wofür wir das Wasser benötigen, wertvollstes, (meist) reinstes, mit großem Aufwand gefördertes und gesäubertes Trinkwasser. Wir verwenden dieses »Lebensmittel« zum Autowaschen genauso wie für die Toiletten, für die Körperpflege ebenso wie zum Blumengießen. Die Folge: Von den 145 Litern dieses Lebensmittels Trinkwasser, die jeder Bundesbürger pro Tag verbraucht, werden in Wirklichkeit nur drei Liter für Speisen und Getränke verwendet. Bei einer vierköpfigen Familie summiert sich das auf die erschreckende Menge von rund 200 000 Liter wertvollem Trinkwasser, die Jahr für Jahr vergeudet werden.
Ein weiteres Zahlenspiel zur zweiten Ursache: Wenn jeder von uns täglich nur einen Liter Wasser einspart, macht das in der Bundesrepublik pro Jahr 22 Millionen Kubikmeter wertvollstes Trinkwasser aus. Eigene Brauchwassernetze werden wohl Zukunftsmusik bleiben, trotzdem kann jeder etwas dazutun, die Menge des nutzlos verschwendeten Wassers zu reduzieren:

- Tropfende Wasserhähne reparieren. Ein nur mäßig tropfender Wasserhahn (ein Tropfen pro Sekunde) verbraucht 6 200 Liter im Jahr. Der Inhalt von fast 50 Badewannen verschwindet also völlig nutzlos im Ausguß. In der Regel unbemerkt bleiben leider die undichten Verschlußventile in den Toilettenspülkästen. Dadurch können dann schon 200 Liter Trinkwasser pro Tag in die Kanalisation fließen, und das sind jährlich immerhin 450 Badewannen voll.

- Apropos Toilettenspülkästen: Da liegt vieles noch im argen. Mehr als die Hälfte der bundesdeutschen Haushalte haben zum Beispiel noch Spülungen ohne Spartaste. Das heißt, daß bei ihnen auch das kleinste Geschäft mit einer Riesenmenge Trinkwasser (9 bis 11 Liter) in der Kanalisation verschwindet, obwohl dafür leicht drei Liter reichen. Also, ab ins nächste Kaufhaus oder Installationsgeschäft, um einen Nachrüstsatz zu kaufen. Was der kostet (ca. 30,- DM), haben Sie in einem Jahr durch die verminderten Wasserkosten um ein Vielfaches wieder eingebracht. Sie sparen dadurch nämlich etwa 40 Prozent des üblicherweise in der Toilette verbrauchten Wassers, in einem Vier-Personen-Haushalt kann das leicht 40 000 Liter Trinkwasser, also fast 200,- DM Ersparnis ausmachen.

- Fast genausogut ist der Trick mit gefüllten Plastikflaschen oder mit Ziegelsteinen. Sie werden in den Spülkasten gelegt und senken ebenfalls die verbrauchte Wassermenge.

- Kleiner Effekt, große Wirkung: die sogenannten Durchflußbegrenzer oder Luftsprudler an den Wasserhähnen. Sie kosten nur ein paar Mark, reduzieren aber die durchfließende Wassermenge pro Minute um ein Viertel – ohne daß es Ihnen irgendwie auffällt.

- Etwas teurer, aber auch wasser- und damit letztlich geldsparend: die Einhebelmischer. Beim Duschen mit herkömmlichen Armaturen gehen beispielsweise locker zehn bis zwölf Liter Wasser verloren, bis man beide Hähne auf die richtige Temperatur gebracht hat. Noch sparsamer ist der Einhebelmischer mit Thermostat.

- Reinlichkeit ist zwar eine Zier – aber übertriebene Wasservergeudung bei der Körperpflege schadet nur Ihrer Haut, sagen sogar die Mediziner und sind damit in Übereinstimmung mit den Umweltschützern. Niemand muß – es sei denn, es ist im Rahmen einer medizinischen Therapie notwendig – täglich baden, auch nicht jeden zweiten Tag. Für ein Vollbad braucht man etwa 130 bis 180 Liter Wasser, für einmaliges Duschen von fünf Minuten (und das ist, auch wenn man sich noch die Haare wäscht, wirklich ausreichend) fließen etwa 30 bis 60 Liter in den Abfluß. Diese Menge hält sich an der unteren Grenze, wenn Sie das Wasser während des Einseifens abstellen; das ist besonders praktisch bei einem Einhandregler (siehe Seite 93).

● Naßrasieren oder Zähneputzen bei ständig laufendem Wasser, Kühlung von Flaschen unter dem Wasserstrahl und andere sinnlose Wasserpanscherei zeugen von Gedankenlosigkeit und stellen eine unsinnige Wasserverschwendung dar.

Energie sparen – Geld sparen

● Nicht nur der Trinkwasserverbrauch, auch die Energieverschwendung beim Baden ist enorm. Zum Aufheizen der Wassermenge für eine Badewanne benötigt man umgerechnet fünf bis sechs Kilowatt Strom, für ein **Duschbad** gerade nur 1,5 Kilowatt.

● Wer die Warmwasseranlage für seine Wohnung selbst steuern kann, sollte darauf achten, daß die Wassertemperatur nicht höher als auf maximal 45 Grad C eingestellt ist. Das ist ausreichend für alle Anwendungsbereiche – auch fürs heiße Abspülen. Wird das Wasser höher aufgeheizt und ständig auf dieser Temperatur bereitgestellt, geht sinnlos Energie verloren.

● Lassen Sie regelmäßig den Kesselstein aus Ihrem Warmwasserspeicher entfernen. Schon ein Belag von einem Millimeter erhöht den Energiebedarf um zehn Prozent.

● Schalten Sie die Umwälzpumpe (am besten durch eine Zeitschaltuhr) immer dann ab, wenn kein warmes Wasser benötigt wird.

- Auch wenn es Ihnen widerstrebt, weil Sie ein elektrisches Gerät mehr in der Küche haben: Das Kaffeekochen in einer Maschine ist wesentlich energiesparender als das Erhitzen des Wassers auf dem Herd. Wer keine **Kaffeemaschine** will, sollte darum wenigstens auf einen elektrischen Wasserkocher ausweichen.

- Wenn Sie auch am Sonntagmorgen zum Frühstück nicht auf frische Brötchen verzichten wollen, backen Sie sie nicht im Backofen auf. Auf dem Brötchenaufsatz des **Toasters** geht es doppelt so schnell, und der Stromverbrauch beträgt nur ein Viertel gegenüber dem im Backofen.

- Elektrische Kleingeräte verbrauchen übrigens viel weniger Energie als große Geräte. Deshalb: Teewasser statt auf dem Herd mit dem Tauchsieder erhitzen, Frühstückseier im Eierkocher, nicht auf dem Herd kochen und überbackene Gerichte im Grill statt im Backrohr zubereiten.

- Beim **Fernsehen** kann man sich locker das Geld für ein paar schöne Stunden im Kino sparen. Lassen Sie – falls vorhanden – die »Stand by«-Taste Ihres TV-Gerätes ständig ausgeschaltet. Sie ist so überflüssig wie ein Kropf, weil sie lediglich die Bildröhre ständig auf Betriebstemperatur hält und so das Bild nach dem Einschalten ein paar Sekunden früher zu sehen ist. Dafür verbraucht sie aber bis zu 23 Watt pro Stunde.

Wenn der Topf aber nun ein Loch hat? Wirf ihn weg, liebe(r) Hausfrau(mann): Auch nur ein kleiner Spalt zwischen Topf und Deckel läßt zuviel an Wärmeenergie verpuffen. Doch auch sonst sollten Sie beim **Kochen auf dem E-Herd** einige Regeln beachten, die die Umwelt schonen und bis zur Hälfte der Stromkosten sparen helfen.

● Bei Gerichten mit langen Garzeiten unbedingt einen Dampfkochtopf verwenden; mit ihm sparen Sie bis zu 80 Prozent Zeit und 50 bis 60 Prozent Energie.

● Halten Sie den Deckel während der Kochzeit möglichst ständig geschlossen, sonst verpufft zu viel Wärme. Für notorische Topfgucker gibt's Glasdeckel.

● Eigentlich selbstverständlich, aber leider versteht sich's immer noch nicht von selbst: Kleine Kochtöpfe gehören *nur* auf kleine Kochplatten!

● Den Backofen nie vorheizen (außer bei Biskuit- oder Brandteig!). Das kostet mehr Energie, als wenn Sie die Speisen nur etwas länger im Ofen lassen, bis sie fertig sind. Nutzen Sie die Nachwärme!

● Eine E-Herdplatte bleibt auch nach dem Ausschalten noch länger heiß. Nutzen Sie auch diese Wärme und schalten Sie die Platte schon einige Zeit vor dem Wegziehen des Kochtopfes aus.

● Benutzen Sie nach Möglichkeit die Automatikplatte mit Thermostat. Sie schaltet sich automatisch ab, wenn die gewünschte Temperatur erreicht ist und hält diese dann noch.

● Zum Kochen und Garen so wenig Wasser wie möglich verwenden. Für das Garen von Gemüse im **geschlossenen** Topf genügt 1/4 Liter Wasser. Das spart Wasser, Zeit und Energie.

● Verwenden Sie Töpfe mit gut wärmeleitenden und ebenen Böden.

Die Sprüher sind unter uns

Machen Sie aus einer **Mücke** nicht gleich einen Elefanten, und fahren Sie gegen ein paar Schnaken oder Fliegen nicht gleich schwerstes Geschütz auf. In jedem Supermarkt stehen sie parat, die Arsenale hochgiftiger Insektensprays. Auf jeden Fall umweltschädlich, meist sogar gesundheitsgefährdend (wer wendet sie schon streng nach Vorschrift an?), dürfen sie trotzdem in mehr als der Hälfte der bundesdeutschen Haushalte nicht fehlen. Dabei gibt es eine Reihe von Tricks, umweltfreundlich gegen Ungeziefer vorzugehen:

- Fliegengitter oder Netze vor den Fenstern verhindern das Eindringen fliegender Insekten in die Wohnung. Schlafen Sie doch im Sommer einfach unter einem Moskitonetz – das ist praktisch und hat einen Schuß Romantik.

- Die gute alte Fliegenklatsche – unverständlicherweise völlig aus der Mode gekommen – oder die Fliegenfänger (Leimstreifen) wirken sicher und umweltfreundlich.

- Auch Mottenkugeln sind überflüssig. Wer öfter mal seinen Kleiderschrank lüftet, Licht und Sonne an seine Kleider läßt und sie gelegentlich ausklopft, braucht vor Mottenfraß keine Angst zu haben.

Viel Lärm um nichts ...

... läßt sich im Haushalt leicht vermeiden. Lärm ist eine immer stärker zunehmende, dabei gravierende Umweltbelastung mit erheblichen gesundheitlichen Auswirkungen: Wußten Sie zum Beispiel, daß Lärm Unlustgefühle, Ängste und Aggressivität verursachen kann? Daß Lärm einer jener Streßfaktoren ist, die zu Herz- und Gefäßstörungen, Magenleiden und Schlaflosigkeit führen können? Daß eine Gewöhnung an Lärm nicht möglich ist, lediglich der Hörsinn abstumpft und daß Lärmschwerhörigkeit unheilbar ist?

- Was zum Thema Minderung des Verkehrslärms zu sagen ist, finden Sie im Kapitel »Verkehr«.

- Vermeiden Sie geräuschintensive Hausarbeiten wie Hämmern, Bohren, Sägen, Teppichklopfen, Rasenmähen, aber auch Klavierspielen in den Morgenstunden, in der Mittagszeit und abends. In vielen Gemeinden sind die genauen Sperrzeiten in Verordnungen festgelegt. Auch Mietverträge können solche Klauseln enthalten.

- Musikanlagen, Radios, Plattenspieler, Tonbandgeräte und Fernseher nur auf Zimmerlautstärke stellen, so daß andere dadurch nicht gestört werden.

Heizen

Mehr als 80 Prozent des im Haushalt benötigten Energiebedarfs entfallen auf das Heizen. Jeder kann sich leicht ausrechnen, daß vor allem beim Verbrauch von Heizenergie besonders viel zu sparen ist. Doch nicht nur unser Geldbeutel, auch unsere Umwelt wird dadurch geschont, denn: Energieerzeugung und Energieverbrauch in der heutigen Form sind die schlimmsten Umweltverschmutzer.

Praktische Energiesparmaßnahmen beim Heizen

Gesunde Raumtemperatur

Wir heizen uns selbst viel zu kräftig ein: Eine nur um ein Grad niedrigere Raumtemperatur bringt eine Heizenergieersparnis von fünf Prozent. Wenn Sie in Ihren Wohnräumen die Temperatur auf 20 Grad drosseln, statt sie mit 24 Grad zu überheizen, sparen Sie nicht nur ein Fünftel an Heizkosten, sondern tragen auch zur Minderung des Smogs bei. Außerdem sind niedrigere Temperaturen in Wohnräumen wesentlich gesünder. Über Nacht sollte die Raumtemperatur um weitere fünf Grad gesenkt werden. Auf weniger als 15 Grad sollte die Raumtemperatur nicht abfallen, da durch das Aufheizen am nächsten Morgen sonst die eingesparte Energie wieder aufgebraucht wird.

- Am einfachsten lassen sich diese konstanten, energiesparenden Raumtemperaturen mit Heizkörper-Thermostaten erreichen. Selbst wenn Sie zur Miete wohnen, lohnt sich die kleine Investition für das Austauschen schon nach relativ kurzer Zeit.

Einmal auf die richtige Temperatur eingestellt, können Sie getrost alles den Thermostaten überlassen.

● Noch besser kann man dies allerdings durch sogenannte Zentralgeräte regeln, die die Heizung mittels einer für eine ganze Woche programmierbaren Zeitschaltuhr steuern. Damit können Sie sich für das Wochenende beispielsweise andere Heizperioden programmieren als für die Werktage. Diese Geräte reduzieren dann automatisch die Nachttemperatur.

Für die einzelnen Räume empfehlen Experten nachstehende Temperaturen; sie sind über die Ventile an den Heizkörpern auch trotz Zentralgerät steuerbar:
Wohn-, Kinder- und Eßzimmer 20 Grad C,
Küche 18 Grad C,
Schlafzimmer: Tag und Nacht 16 bis 18 Grad C,
Bad: Nur während der Benutzung 23 Grad C, Diele: Ständig 15 Grad C.
Beim Lüften des Raumes sollten Sie das Zentralgerät so weit wie möglich zurückdrehen.

● Vermeiden Sie »Kältezonen« in Ihrer Wohnung oder Ihrem Haus, indem Sie die Heizung in selten benutzten Zimmern nicht ganz abstellen.

● Achten Sie darauf, daß Ihre Heizanlage regelmäßig von einem Fachmann gewartet wird. Er erkennt falsche Einstellungen, Defekte oder Verschleißerscheinungen, die oft zu erheblich höherem Energieverbrauch führen, und kann sie beheben.

Richtig lüften

Dabei kann man so ziemlich alles falsch machen. Lieber öfter, dafür aber kürzer lüften. Wenn Sie die Fenster bei kalten Außentemperaturen eine halbe Stunde oder länger offenlassen, kühlt nicht nur die Luft in Ihrem Zimmer ab, sondern auch, und das ist viel schlimmer, die Möbel und die Wände.

- Sorgen Sie in beheizten Räumen für eine ausreichende Luftzirkulation. Zugestellte oder durch lange Vorhänge verdeckte Heizkörper haben eine wesentlich schlechtere Wärmeabgabe; das gilt ebenso bei unfachmännisch montierten Heizkörperverkleidungen.

- Achten Sie auf eine ausreichende Luftfeuchtigkeit von 45 – 55 Prozent. Sie macht die Räume subjektiv wärmer.

- An sonnigen Wintertagen werden südlich oder südwestlich gelegene Räume oft so stark von der Sonne mitgeheizt, daß Sie die Heizung ganz abstellen können. Wenn es im Raum zu warm wird, nicht die Fenster, lieber die Türe zur Wohnung öffnen.

Wärmedämmung

- Rolläden und Vorhänge halten Kälte und Zugluft ab. Sie sollten im Winter bereits am frühen Abend bei Einbruch der Dunkelheit und vor allem nachts dicht geschlossen sein.

- Auch durch geschlossene Fenster kann viel Wärme nach draußen entweichen. Wenn – vor allem alte – Fenster oder Türen nicht mehr ganz dicht schließen, kann durch die Fugen bis zu zehn Prozent der Heizenergie verpuffen. Es lohnt sich also, wenn Sie Ihre Fenster und Türen mit selbstklebenden Schaumgummistreifen oder Profilgummi abdichten.

- Viel Wärme verpufft auch durch die Wände, vor denen die Heizkörper stehen. Hier gibt es preiswert spezielle Reflexions-Platten, die an die Wand geklebt werden.

- Kontrollieren Sie regelmäßig Ihre Heizkosten. Sind sie stark angestiegen, ohne daß dies durch besonders kalte Witterung gerechtfertigt wäre, oder steigt Ihr Brennstoffverbrauch über bestimmte Richtwerte, dann sollten Sie Ihre Heizgewohnheiten ändern, Ihre Heizanlage überprüfen und/oder die Wohnung besser isolieren.
Zur Ermittlung Ihres Brennstoffverbrauches teilen Sie den Jahresverbrauch durch die beheizte Grundfläche. Dieser Verbrauch pro Quadratmeter sollte bei den verschiedenen Brennstoffen nicht höher liegen als:
170 kwh/qm bei Strom,
20 Kubikmeter/qm bei Gas,
20 Liter/qm bei Öl oder
23 Kilogramm/qm bei Kohle.

- Der Grund für hohe Heizkostenrechnungen – und damit für sinnlos vergeudete Energie – kann auch ein altersschwacher Heizkessel sein. Fragen Sie im Zweifelsfall Ihren Kaminkehrer. Älter als zwölf, maximal 15 Jahre sollten die Geräte jedoch auf keinen Fall sein.

Körperpflege

Mit Haut und Haaren haben wir uns der gründlichen Körperpflege verschrieben – und tun dabei manches Mal des Guten zuviel. Kosmetika sind ein heikles Kapitel. Sie sind meist sehr aufwendig verpackt, Art und Zusammensetzung der Inhaltsstoffe sind nicht angegeben. Beachten Sie daher folgende Ratschläge, damit es Ihnen und Ihrer Haut nicht dreckig geht.

Ratschläge zur gesunden Körperpflege

● Jedes Waschen greift den schützenden Fettmantel der Haut an. Wäscht man sich oft, hat die Haut keine Zeit, diesen Schutzmantel wiederherzustellen. Es kommt zu rauher, rissiger Haut, zu Reizungen, ja zu Hauterkrankungen. Zu häufiges Haarewaschen hat übrigens die gleiche Wirkung auf die Kopfhaut – auch bei den ganz milden Shampoos.

– Verwenden Sie ganz allgemein möglichst milde Produkte ohne Deowirkstoffe.

– Duschen spart, wie schon erwähnt, gegenüber dem Baden Wasser, ist aber auch wesentlich gesünder für die Haut. Ein heißes Vollbad sollte nicht länger als 15 Minuten dauern.

– Wenn Sie mit Schaumzusätzen baden, können Sie die Seife sparen. Schaumzusätze sind allerdings hochkonzentriert, deshalb: nicht überdosieren und zum Waschen nicht direkt auf die Haut bringen. Nach dem Baden die Haut gründlich mit klarem Wasser abspülen.

– Zum Waschen kann man zwischen fester und flüssiger Seife wählen. Die flüssigen Seifen sind jedoch sehr aufwendig verpackt. Verwenden Sie diese Waschsyndets sehr sparsam.

● Saubere und gepflegte Haut hat ihren eigenen, guten und persönlichen **Duft.** Wenn Sie noch mehr tun wollen, beachten Sie folgendes:

– Deodorants verhindern nur die Schweißzersetzung auf der Hautoberfläche, während Antitranspirants die Schweißproduktion der Haut selbst verhindern oder bremsen, also ganz massiv in eine sehr wichtige Körperfunktion eingreifen und deshalb ein größeres Risiko darstellen. Aber auch Deo-Wirkstoffe können zu Hautreizungen führen. Wer in den Achselhöhlen Pusteln, Rötungen, Brennen oder Juckreiz verspürt, sollte auf Deos verzichten.
– Völlig überflüssig sind »Intim-Deos«. Sie können die sehr empfindliche Haut im Genitalbereich schädigen und dadurch hartnäckige Pilzinfektionen begünstigen.
– Wie schon erwähnt: Verzichten Sie auf Spraydosen mit dem Ozonkiller FCKW. Weil aber auch die Ersatzstoffe umstritten sind, greifen Sie bei Deos lieber auf Pumpzerstäuber, Roller oder Sticks zurück, sie sind genauso einfach und bequem zu handhaben.

● Sie sollen **natürlich schön** sein. Verwenden Sie deshalb – wenn überhaupt – Kosmetikartikel mit möglichst wenig Konservierungs-, Farb- und Duftstoffen. Besonders geeignet, vor allem für empfindliche Haut, sind Babypflegemittel.

– Vertragen Sie ein bestimmtes Produkt nicht, was häufig vorkommen kann, sollten Sie die Marke wechseln oder – besser noch – auf das entsprechende Produkt ganz verzichten. Bei ernsthaften Beschwerden ist es sinnvoll, einen Hautarzt aufzusuchen und eventuell einen Allergie-Test durchführen zu lassen.
– Dauerwellenpräparate, Haarfärbemittel und Enthaarungscremes können gesundheitschädigende Substanzen enthalten. Ihre Anwendung gehört in die Hände von Fachleuten.

Müll

Kritische Zeitgenossen haben uns alle bereits abfällig als Wegwerfgesellschaft bezeichnet. Die Folgen der von uns produzierten Müllflut sind so erschreckend, daß wir alles tun müssen, um ihr weiteres Anwachsen zu verhindern (siehe Kapitel »Uns steht der Abfall zu Berge«, Seite 42). Wenn wir sie nicht stoppen, werden immer mehr Pflanzen und Tiere, ja sogar wir Menschen und unser ganzer Globus unter Abfallbergen ersticken. Während wir uns aber nur mit dem Problem Müllbeseitigung herumschlagen müssen und immer wieder die eine oder andere scheinbar saubere Lösung finden (wohin wir unseren Abfall kippen können), bürden wir unseren Kindern mit den Deponien oder den durch die Müllverbrennung produzierten Giften eine Altlast auf, die unverantwortlich ist.
Denken Sie persönlich einmal darüber nach, ob Sie es verantworten können, daß sich Ihre Kinder oder Enkel, der Nachwuchs Ihrer Verwandtschaft und Bekanntschaft, die Kinder von Freunden, Nachbarn oder Arbeitskollegen eines Tages mit Ihrem Dreck herumschlagen müssen. Diese Kinder werden an Allergien in bisher nicht gekannten Ausmaßen leiden, andere, schlimme Krankheiten erdulden müssen – die nächste Generation wird wahrhaft in unserem Müll ersticken.
Das will doch bestimmt niemand von uns. Dann aber muß sofort etwas getan werden, daß uns die Müllberge nicht über den Kopf wachsen. Die Schätzungen darüber, wieviel Müll jeder von uns pro Jahr wegwirft, schwanken zwar zwischen 350 und 600 Kilogramm, doch gehen wir einmal von 400 Kilogramm aus (sie wurden ziemlich genau für jeden der 1,2 Millionen Einwohner von München errechnet).

Dem Müll eine Abfuhr erteilen

Die Müllmenge, die die gesamte Bevölkerung der Bundesrepublik in einem Jahr produziert, würde einen Güterzug füllen, doppelt so lang wie die Entfernung zwischen München und Südafrika (ca. 10 000 Kilometer). Aufgetürmt zu einer Pyramide wäre dieser Abfallberg ungefähr dreißigmal so hoch wie die Cheopspyramide in Ägypten – und die ist immerhin 137 Meter hoch.

Nehmen wir also an, auch bei Ihnen wandern jedes Jahr 400 Kilogramm Abfall in die Mülltonne. Wäre es nicht ein erstrebenswertes Ziel, diese Menge bis in einem Jahr auf 300, vielleicht sogar auf 200 Kilogramm zu reduzieren? Der Erfolg läßt sich auch ganz leicht überprüfen: Wird Ihre Mülltonne jetzt bis zu nächsten Leerung noch randvoll, dann darf sie in zwölf Monaten nur noch zu drei Vierteln oder gar zur Hälfte gefüllt sein. Mit Sicherheit werden Sie das ohne größere Unannehmlichkeiten oder Unbequemlichkeiten schaffen, wenn Sie nur einen Teil der nachstehenden Tips beherzigen. Selbstverständlich kann niemand sie alle befolgen. Picken Sie sich die heraus, die sich für Sie persönlich ohne zu große Umstände verwirklichen lassen. Machen Sie mit, wenn wir dem Müll eine Abfuhr erteilen.

Es gibt zwei grundlegend verschiedene Dinge, zwei Ziele, die wir erreichen müssen, damit sich unser privater Müllberg um 100 oder 200 Kilogramm pro Jahr reduziert:

- Wir müssen soviel wie möglich Müll vermeiden und
- Wir müssen soviel wie möglich Müll wiederverwerten.

Wichtig ist dabei, daß Sie nicht nur stur die empfohlenen Tips befolgen (die können nämlich schon aus Platzgründen keinen

Anspruch auf Vollständigkeit erheben), Sie sollen vielmehr Phantasie entwickeln, Ihr ganz persönliches Müllproblem individuell zu lösen.

Müllvermeidung bedeutet zunächst einmal, alles das nicht mehr zu kaufen oder anzuschaffen, was später nicht mehr verwendet werden kann oder nicht mehr verwendet wird und auf dem Müll landet. Dazu gehören natürlich und in erster Linie alle Arten an Verpackungen, vom Schuhkarton bis zur Styroporumhüllung des neuen Fernsehers, vom Joghurtbecher bis zur Plastiktüte. Doch zur Müllvermeidung gehört noch etwas Entscheidendes mehr: Wir müssen unsere Lebenseinstellung etwas ändern, wir müssen unser Konsumverhalten umstellen – das sind zwar große Worte, es ist aber gar nicht so schwer.
Denken Sie einmal darüber nach, ob Sie in der letzten Zeit nicht auch etwas völlig Überflüssiges gekauft haben: das siebzehnte Wegwerffeuerzeug, obwohl noch 16 in irgendwelchen Hosentaschen oder Schubladen rumliegen; dieses nette Püppchen für Ihre Tochter, obwohl sie sowieso nur mit ihren beiden Lieblingspuppen spielt und schon die fünf anderen achtlos in der Ecke liegen. Und diesen Allzweckschneider, das Universal-Küchengerät, das haben Sie, lieber Ehemann, doch nur gekauft, weil der Marktschreier in der Fußgängerzone so schöne Sprüche klopfen konnte und nicht etwa, weil Ihre Frau zu all ihren Messern, Hobeln und Reiben noch ein weiteres dieser Instrumente brauchte. Sie sehen also, die Möglichkeiten der Müllvermeidung sind beinahe unbeschränkt, Ihrer Phantasie keine Grenzen gesetzt.
Weniger Phantasie, dafür etwas mehr Disziplin und Sorgfalt sind für die erfolgreiche **Wiederverwertung von Müll** gefragt. Doch auch hier hilft Ihnen ein kleiner Trick: Gewöhnen Sie sich an, nur noch dann ganz abfällig von Müll zu sprechen, wenn es sich um etwas handelt, das bestimmt nicht in irgendeiner Form wiederverwendet werden kann.

Strenggenommen wäre auch das kein Müll, was im nächsten Müllkraftwerk landet und dort verbrannt wird, denn damit wird der Abfall in Strom oder Heizenergie umgewandelt. Da Müllverbrennung aber sehr umweltschädlich ist und jeder einzelne auch nicht steuern kann, wohin der Abfall aus seiner Mülltonne wandert, will ich dies nicht als Müllverwertung bezeichnen. Alles andere, von dem wir uns in irgendeiner Form trennen wollen, das wir »wegwerfen« wollen, sollten wir eigentlich »Sekundärrohstoff« nennen. Denn der Stapel von alten Zeitungen, Prospekten und kleingerissenen Kartons, den wir in den Altpapiercontainer werfen, ist kein Müll, sondern Rohmaterial für die Herstellung von Recycling-Papier. Die Kartoffelschalen, die alten Filtertüten samt Inhalt, die verwelkten Schnittblumen, die auf dem Kompost oder in der Grünen Tonne landen, sind Rohmaterial für wertvollen Humus. Jedes alte Marmeladenglas und jede Sektflasche, die wir zum Glascontainer bringen, ist teurer und gefragter Rohstoff für die preiswerte und energiesparende Herstellung von neuem Glas.

Tips zur Müllvermeidung beim Einkauf

● Vermeiden Sie es weitgehend, verpackte Waren zu kaufen. Die gibt es nicht? Doch, man muß nur die Augen aufmachen. Zum Beispiel: Die Orangen, Bananen und die Gurke aus dem Gemüseladen können Sie sich auch ohne Tüte in Ihren Einkaufskorb oder in Ihre Tasche legen lassen. Für das Brot oder die Brötchen vom Bäcker brauchen Sie nicht einmal eine Papiertüte, sie lassen sich im mitgebrachten Leinenbeutel mit nach Hause nehmen. Und brauchen Sie für die Tageszeitung und die Fernsehzeitschrift vom Kiosk wirklich die angebotene Plastiktüte?

● Kaufen Sie frisches Obst und Gemüse der Saison. Da ist die Verpackung schon dabei: die Schale. Konserviertes dagegen wird in Weißblechdosen verkauft, Tiefgekühltes in Verpackungen aus Pappe und Kunststoff.

● Wenn die Waren, die Sie kaufen, unbedingt eine Verpackung brauchen, können Sie diese dann nicht einfach von zu Hause mitbringen? Das fängt schon bei den Taschen an. Nur ganz selten ist es notwendig, daß Sie sich beim Einkauf im Supermarkt oder sonstwo eine Plastiktüte geben lassen müssen. Nehmen Sie zum Einkauf immer einen Korb, eine Tasche oder einen Beutel aus Baumwolle, Jute oder Leinen mit. Wenn das nicht ausreicht, hat der Händler bestimmt einen Karton, der später im Gegensatz zur Plastiktüte – im Papiermüll landen kann. Stellen Sie sich für den samstäglichen Großeinkauf ausreichend große Kartons in den Kofferraum Ihres Autos. Bei allen größeren Supermärkten können Sie mit dem Einkaufswagen bis zum Auto fahren und alles umladen. Bewährt haben sich auch – ausnahmsweise mal eine Empfehlung für einen Kunststoffartikel – zusammenklappbare Plastikkörbe. So einen habe ich immer im Kofferraum und bin also auch bei spontanen Einkäufen nicht auf Plastiktüten angewiesen.
Wenn Sie häufiger mit dem Fahrrad einkaufen, empfiehlt sich die Anschaffung von Satteltaschen: Darin bringen Sie leicht den Wochenendeinkauf für eine dreiköpfige Familie unter.

● Für die, die es immer noch nicht wissen: Papiertragetaschen sind *nicht* umweltfreundlicher als Plastiktüten, im Gegenteil: Sowohl bei der Herstellung als auch bei der Entsorgung verursachen sie höhere Luft- und Abwasserbelastungen. Auch sind sie aus wertvollen Rohstoffen (Holz!) gefertigt und nicht so lange haltbar.

● Wenn er sie nicht schon hat, regen Sie bei Ihrem Supermarkt wenigstens an, Plastiktüten aus abbaubarem Kunststoff anzuschaffen – die gibt es nämlich.

● Scheuen Sie sich nicht, für bestimmte Lebensmittel eigene Gefäße zu Ihrem Händler oder sogar zum Supermarkt mitzubringen: die Flasche für die Milch aus der »Stählernen Kuh«, das Schüsselchen für den Fleischsalat vom Metzger, die verschließbare Dose (alte Kaffeedosen!) für das Sauerkraut, die Eierbehälter, einen alten Sack für Kartoffeln usw. Ändern Sie zu diesem Zweck auch ein wenig Ihre Einkaufsgewohnheiten: Es muß nicht die in Plastik verpackte Wurst aus der Selbstbedienungstheke sein. In vielen Supermärkten gibt es Frischfleisch- und Wurstabteilungen, wenn nicht, gehen Sie der Umwelt zuliebe zum Metzger.

● Kaufen Sie Getränke grundsätzlich nur in Pfandflaschen, nie in Einwegflaschen, auch nie in Kartons – die dürfen nämlich nicht zum Papiermüll. Durch die durchschnittlich 60 malige Wiederverwendung können fünf 0,5-Liter-Mehrwegflaschen rund 450 (!) 0,33-Liter-Einwegdosen ersetzen.

● Wenn sich Verpackung nicht vermeiden läßt, bestehen Sie bei Ihrem Kaufmann auf solcher, die sich wiederverwerten läßt wie Glas, Papier oder Karton. Ist Ihr Händler hartnäckig und verpackt immer alles in Plastik, seien Sie ebenfalls hartnäckig und wechseln das Geschäft. Zum Glück gibt es immer mehr umweltbewußte Ladeninhaber.

● Kaufen Sie keine Waren in unnötigen Verpackungen. Immer wieder abschreckendes Beispiel sind manche Pralinenschachteln, in denen der eigentliche Inhalt, nämlich die Praline, von sage und schreibe sieben Verpackungsschichten umgeben ist. Warum müssen Joghurtbecher noch einmal von einem Karton umhüllt sein? Warum ist die Alleskleberube – kaum »befreibar« – in Pappdeckel und Plastik eingeschweißt? Und warum die Salatgurke in Folie? Wenn auch nur ein Teil der Kunden zu nicht oder möglichst sparsam verpackter Ware greift, werden es die Geschäftsinhaber bald merken – und aus Eigeninteresse Druck auf die Hersteller machen.

● Wir alle können die Geschäftsbesitzer und vor allem die Hersteller ein wenig dazu erziehen, mit sanftem Druck. Nachstehenden Tip empfiehlt sogar das Bundesumweltministerium und will ihn jetzt sogar als Gesetz einbringen: Fangen Sie schon bei Ihrem nächsten Supermarktbesuch oder Einkauf damit an, noch an der Kasse Waren von ihrer sichtbar überflüssigen Verpackung zu befreien und das Verpackungsmaterial im Geschäft zu lassen. Sie werden sehen, wie schnell Ihr Beispiel Schule macht. Andere Kunden, die schon lange das gleiche vorhaben, allein aber bisher den Mut nicht hatten, werden bestimmt mitmachen. Ihr Händler wird bald nicht mehr wissen, wohin mit dem Abfall, und sich hilfesuchend an seinen Grossisten oder an die Hersteller wenden. Wenn dies an möglichst vielen Orten geschieht, werden die Firmen sanft gezwungen, ihre Waren weniger aufwendig zu verpacken.

● Den gleichen Trick können Sie übrigens anwenden, wenn Sie in ein Schnellimbiß-Restaurant gehen. Es ist völlig überflüssig, daß Ihre Speisen, zumal, wenn Sie sie im Lokal verzehren, in aufwendige Warmhaltepackungen aus Styropor verpackt werden.

● Verwenden Sie in der Küche zur Aufbewahrung von Speisen möglichst keine Plastiktüten oder Frischhaltefolien. Sie wissen ja, Kunststoffmüll wird von unserer Umwelt besonders schlecht »verdaut«. Verpacken Sie die Speisen lieber in die überall erhältlichen Boxen, die es in vielen Formen und Materialien gibt. Fehlt der Deckel, decken Sie das Glas oder die Schüssel mit einem Teller ab statt mit Klarsicht- oder Alufolien.

● Vermeiden Sie es, Getränke in Dosen aus Weißblech zu kaufen. Es ist schwer zu recyclen, außerdem ist der Preis für die Dose oft teurer als der Inhalt.

● Hände weg von Aluminiumdosen und Alufolien. Zu ihrer Herstellung werden enorme Mengen Energie verschleudert: Mit einem Liter Heizöl kann man nur 0,17 Kilogramm Aluminium herstellen, aber 2,6 Kilo Papier und fast 5,5 Kilogramm Glas. Alufolie läßt sich gleichwertig ersetzen durch Pergament- (Butterbrot-)Papier.

● Zur Vermeidung von Kunststoffmüll trägt es langfristig aber auch bei, wenn Sie größtenteils nur Kleidung aus Naturfaser kaufen. Kleidungsstücke aus Kunstfaser – oder auch nur mit einem Anteil an Kunstfaser – sind genauso schwer zu recyclen wie andere Kunststoffe. Da bringt es übrigens auch nichts, wenn Sie Ihre abgelegten Kleider zur Altkleidersammlung geben, irgendwann landen sie trotzdem mal auf dem Müll.

● Kaufen Sie, soweit möglich, Ihre Haushaltsartikel in Großpackungen. Fünf Getränkedosen machen mehr Müll als dieselbe Menge Limonade in einer eineinhalb-Liter-Pfandflasche. Auch Kühltruhen können abfallvermeidend eingesetzt werden, indem man größere Essensportionen vorbereitet und einen Teil davon zum späteren Verzehr einfriert.

● Die Anschaffung möglichst langlebiger Geräte und anderer Artikel, die sich bei Bedarf auch reparieren lassen, trägt ebenfalls zur Müllvermeidung bei. Denken Sie beispielsweise an den Unsinn von Einwegfeuerzeugen oder nicht reparablen, weil rundum verschweißten, Elektrosteckern.

● Wenn Sie Ihre Wohnung, den Keller oder die Garage entrümpeln, überlegen Sie bei jedem Gegenstand, ob er wirklich auf den Müll muß oder ob ihn nicht noch jemand verwenden kann.

● Aus eigener schlechter Erfahrung noch ein ganz persönlicher Tip: Es läßt sich auch einiges an Abfall vermeiden, wenn Sie stets einen Überblick darüber haben, was bei Ihnen im Haushalt, auch im hintersten Regal oder in der untersten Schublade, so alles herumliegt. Wenn Sie das unter Kontrolle haben, vermeiden Sie es, manche Dinge doppelt und dreifach zu kaufen.

Tips zur Wiederverwertung von Müll

Es ist vielleicht ein etwas anrüchiges Verfahren, aber wühlen wir doch einmal in unserer vollen Mülltonne, damit uns bewußt wird, was wir so alles wegwerfen. Keine Angst, Sie sollen das jetzt nicht praktisch nachvollziehen, wir haben einen symbolischen Blick in eine gefüllte Abfalltonne geworfen und den Inhalt sortiert, gewogen und dabei einmal festgehalten, woraus sich unser Hausmüll eigentlich zusammensetzt:

Organische Stoffe:	30 Prozent
Papier und Karton:	27 Prozent
Glas:	11 Prozent
Metall:	5 Prozent
Kunststoff:	6 Prozent
Verschiedenes:	21 Prozent

Organischer Müll

Der mengenmäßig größte Bestandteil des Mülls beim Blick in unsere Tonnen und somit Nummer 1 der Hitliste sind erstaunlicherweise organische Abfälle. Dazu gehören unter anderem Speisereste, alte Schnittblumen, Kartoffelschalen, Kaffeesatz samt Filtertüten, Eier- und Nußschalen, Katzenstreu, sämtliche im Garten anfallenden Abfälle usw.

● Die Entsorgung organischer Abfälle ist meist kein Problem, wenn Sie über einen Garten mit einem Komposthaufen verfügen (wie er angelegt und behandelt wird, lesen Sie im Kapitel »Garten«, Seite 79).

● Immer mehr Gemeinden, leider aber immer noch viel zu wenige, stellen sogenannte **Grüne Tonnen** auf, in die kompostierbarer Müll geworfen werden darf. Erkundigen Sie sich bei Ihrer Gemeinde, ob es diese Tonnen gibt und wo sie stehen.

● Falls Sie weder einen eigenen Garten noch eine Grüne Tonne in der Nähe haben, wird es schon schwieriger. Hier ist Phantasie gefragt: Reden Sie einmal mit Ihrem Nachbarn, ob Sie seinen Komposthaufen mitbenützen dürfen. Meistens hat er nichts dagegen, denn er »erntet« ja dadurch noch mehr wertvollen Humus.

● Sofern Sie einen Balkon oder eine Terrasse haben, können Sie aber auch dort einen Kompostbehälter mit Deckel aufstellen (riecht nicht!). Die durch das Kompostieren gewonnene Erde verwenden Sie entweder selbst als Blumenerde, oder Sie bieten sie Bekannten für deren Gärten an.

● Zu den organischen Abfällen, die oft in der Mülltonne landen, aber zum Kompostieren beziehungsweise für die Grüne Tonne geeignet sind, gehören:
- Grasschnitt (nur leicht angetrocknet und in dünnen Schichten),
- Laub,
- Baum- und Heckenschnitt (mit Gartenschere oder Häcksler zerkleinert),
- Mist (und Katzenstreu),
- Kaffeesatz und Teeblätter (samt Papierfiltern hervorragend geeignet),
- Gemüse- und Salatabfälle,
- Eier- und Nußschalen.

● Wenn Sie in einem Kompostbehälter auf Ihrem Balkon kompostieren, müssen Sie sich natürlich beschränken. Aus Platzgründen sollten Sie ihn möglichst nur mit kleinteiligen Küchenabfällen wie Eierschalen, Kartoffelschalen, Gemüseabfälle usw. füllen.

● Weniger geeignet zum Kompostieren sind:
– Schalen von Südfrüchten (wegen der ihnen anhaftenden Schadstoffe durch die Haltbarkeits-Präparierung allenfalls in kleinen Mengen kompostieren),
– der Inhalt von Staubsaugerbeuteln,
– beschichtete oder bedruckte Papiere,
– Speisereste (wegen ihres Fettanteils, der das Faulen des Kompostes verursachen kann, und weil sie Ratten anlocken)

Entsorgung von Papier und Pappe

Der hohe Papieranteil im Müll macht deutlich, wie wichtig es ist, überflüssigen Verpackungsmüll zu vermeiden. Wenn es Ihnen gelingt, sämtliche Zeitungen, Zeitschriften und Prospekte auszusortieren, wenn Sie alle Kartons zum Papiermüll geben und wenn Sie es schaffen, möglichst viel Verpackungsmaterial zu vermeiden und das wenige verbleibende nicht in die Tonne zu werfen, dann könnten Sie Ihre Mülltonne mit einem Schlag um fast 27 Prozent »erleichtern«. Allerdings nur um *fast* 27 Prozent, denn es gibt einiges an Papier, was nicht zum Papiermüll darf.

● Zeitungen: Die einfachste Methode ist, alte Zeitungen zu sammeln, sie gleichmäßig zu stapeln und zu verschnüren und zur Altpapiersammlung zu geben oder lose in den nächsten Papiercontainer zu werfen. Profis unter den Recyclern kompostieren Zeitungen sogar: Kleinreißen, etwas anfeuchten und dann unter Grasschnitt und andere frische Gartenabfälle mischen.

- Telefonbücher werden beim Postamt zurückgegeben.

- Nicht zum Altpapier dürfen, sondern leider in die Mülltonne müssen alle Materialien, die nicht nur aus Papier oder Karton bestehen. Dazu gehören zum Beispiel Milchtüten, Wachspapier, Saftkartons, Blaupapier, verschmutzte Papiere, Ansichtskarten, Fotos.

Vorsicht: Zum Kompostieren keine Zeitungen mit Farbdruck verwenden, die Farben enthalten Schwermetalle.
Damit das Recycling von Papier, also das Verarbeiten Ihrer alten Zeitungen zu neuem Papier, Sinn macht und noch selbstverständlicher (und für die Recycling-Firmen rentabler) wird, müssen Sie aber auch noch einen zweiten Schritt tun und so oft wie möglich auf Produkte aus Altpapier zurückgreifen: Toilettenpapier, Küchenrollen, Papiertaschentücher, Servietten, Briefpapier, Umschläge, Computerpapier, Schulhefte und Notizblöcke gibt es längst aus Altpapier.

- Zeitschriften, aber auch Prospekte und Kataloge dürfen wegen ihres Farbdruckes nicht kompostiert oder im eigenen Ofen verbrannt werden. Sie kommen in den Papiercontainer oder zur Altpapiersammlung. Gegen Prospekte und Werbebriefe in Ihrem Briefkasten können Sie sich wehren. Ein Aufkleber »Bitte keine Prospekte einwerfen« wird meist akzeptiert (es gibt bereits entsprechende Gerichtsurteile). Oder Sie schreiben an die Deutsche Postreklame, Postfach 16245, 6000 Frankfurt 16, oder an den Verband der Adressenverleger, Postfach 1206, 6370 Oberursel, und lassen sich aus den Verteilerlisten streichen.

- In den Container oder zur Altpapiersammlung dürfen auch Pappkartons und Lebensmittelschachteln (wenn Sie sie nicht für eigene Päckchen verwenden können), alte Schulhefte, Briefpapier, Umschläge, Notizzettel, Computerpapier.

Entsorgung von Glasmüll
Glasmüll gehört generell in den Altglas-Container. Die gibt es heute eigentlich im kleinsten Dorf. Wenn das nicht der Fall ist, schließen Sie sich mit Nachbarn zusammen, machen Sie Druck auf die Gemeinde, für die ist es ein leichtes, ein Unternehmen zu finden, das Altglas-Container aufstellt und wieder abholt.

- Entfernen Sie alle Arten von Flaschenverschlüssen und Dekkeln an Altglas. Die zusätzlichen Sortierverfahren verteuern das Recycling.

- Das Aufstellen mehrerer Container für die verschiedenen Glas-Farben erspart den Recycling-Firmen aufwendige Trennverfahren. Halten Sie sich an diese Einteilungen.

- Pfandflaschen gehören selbstverständlich nicht in den Container.

- Alle Flaschen und Gläser zumindest grob reinigen, bevor sie in den Container kommen. Etiketten können dran bleiben.

- Geben Sie alle alten Schraubgläser zum Glasmüll. Wenn Sie Platz haben, heben Sie einen Teil auf, sie eignen sich für selbstgemachte Marmelade, zum Aufbewahren von getrockneten Kräutern oder als Murmelgefäß für die Kinder.

- Nicht zum Glasmüll dürfen: Fenster- und Spiegelscherben, Leuchtstoffröhren und Fieberthermometer aus Glas.

Wiederverwertung von Metall
Alles dreht sich ums Alu – oder zumindest fast alles. Das Wiederverwerten von alten Metallteilen hat eine lange Tradition: Schrotthändler gab es schon, bevor die meisten von uns wuß-

ten, was Recycling überhaupt ist. Doch die rasante Verbreitung von Aluminium, aber auch von Weißblech – vor allem für Getränkedosen und Konserven – hat dem Metallrecycling eine neue Dimension gegeben. Das Aluminium zum Beispiel ist aus unseren heutigen Mülltonnen nicht wegzudenken, dabei werfen Sie mit jeder Dose bares Geld weg: Wenn Sie die Getränkedose beispielsweise für 50 Pfennige im Supermarkt gekauft haben, so haben Sie für das Getränk vielleicht 14 Pfennige bezahlt, für die Dose aber 36 Pfennige. Aluminium ist in der Herstellung nämlich ein sehr teures und aufwendiges Material. Würde man eine Getränkedose aus Aluminium halb mit Erdöl füllen, entspräche dies der Energiemenge, die nötig ist, um die Dose zu produzieren. Zudem wird Aluminium aus Bauxit hergestellt, das vor allem in Urwaldgegenden abgebaut wird. Jede Alu-Dose weniger verhindert also auch ein wenig die Abholzung des tropischen Regenwaldes. Sie meinen, was macht schon meine Getränkedose aus? In der Bundesrepublik werden pro Jahr 400 Millionen Getränkedosen aus Aluminium verkauft. Bei einem Verzicht könnten wir also viel Regenwald retten und Energie einsparen.

● Deshalb: Vermeiden Sie auf jeden Fall den Kauf von Getränkedosen aus Aluminium! Wenn es nicht ohnehin aufgedruckt ist, erkennen Sie Aluminium daran, daß es *nicht* magnetisch ist. Alle in Frage kommenden Getränke, die es in Dosen gibt, gibt es auch in Pfandflaschen. Wenn Sie aus Gewichtsgründen, zum Beispiel bei einer Wanderung, oder aus Sicherheitsgründen, zum Beispiel wegen der Kinder, partout keine Glasgefäße mitnehmen wollen: Füllen Sie die Getränke aus den Glasflaschen in geeignete Behälter um. Kindern zum Beispiel macht es einen Riesenspaß, aus einer Feldflasche zu trinken.

● Wenn Sie schon nicht auf Ihr Bier oder Ihre Cola aus der Dose verzichten können, werfen Sie die alte Dose (**aber auch Flaschenverschlüsse, Joghurtdeckel, Alufolie, Schokola-**

denpapier und ausgedrückte Tuben) auf keinen Fall in die Mülltonne, sondern in die von vielen Gemeinden bereits aufgestellten Alu-Container. Bringen Sie den Aluminium-Müll zur nächsten Wertstoffsammelstelle, zum Schrotthändler (da gibt es sogar noch Geld dafür) oder erkundigen Sie sich bei der Gemeinde oder einer örtlichen Umweltschutz-Initiative nach einer Entsorgungsmöglichkeit.

● Um uns offenbar das umweltbewußte Verhalten zu erschweren, haben sich einige Dosenhersteller etwas ganz Schäbiges einfallen lassen: Dosen, die an den Seiten aus Weißblech, am Deckel aber aus Aluminium bestehen. Diese Dosen lassen sich nur schwer recyclen. Noch ein Grund mehr, auf Getränkedosen zu verzichten und zur Pfandflasche zu greifen.

● Wenn Sie über eine Aluminium-Sammelstelle in vertretbarer Nähe verfügen, können Sie natürlich auch allen anderen im Haus anfallenden Alu-Müll – den Sie noch besser allerdings ganz vermeiden sollten – sammeln, und das ist nicht wenig: Alu-Folie, Verschlußdeckel vom Joghurt, Deckel von Konservengläsern, aber auch leere Tuben ohne Schraubverschluß, Fahrradfelgen ohne Speichen oder etwa manche Töpfe und Pfannen.

● Weißblech erkennen Sie daran, daß es magnetisch ist. Es wird meist für Konservendosen verwendet. Auch hier gilt: Dosen aus diesem Material am besten vermeiden. Weißblech-Müll zum Schrotthändler, zur Sondermüllsammelstelle oder – in vorbildlichen Gemeinden gibt es sie – in den Weißblech-Container.

● Spraydosen sollten Sie gar nicht erst benutzen, sonst, aus Sicherheitsgründen, nur zum Sondermüll geben.

● Alle anderen Metall-Gegenstände, zum Beispiel Blech oder Eisen, sammeln und zum Schrotthändler bringen. Sie glauben gar nicht, wieviel da so mit der Zeit anfällt, vom rostigen Nagel und dem unbrauchbaren Dosenöffner bis hin zum alten Kotflügel.

Kunststoff-Recycling

Kunststoff und Plastik machen es dem Umweltbewußten schwer, »sauber« zu bleiben. Denn es gibt heute noch keine Möglichkeit, diese Stoffe ohne Probleme zu recyclen. Es wird zwar eifrig geforscht – schließlich will sich die Industrie ihren liebsten Werkstoff nicht mies machen lassen. Die ersten Ergebnisse dieser Forschung stimmen auch ganz hoffnungsfroh. So hat ein großer süddeutscher Milchfabrikant testweise Sammelbehälter für Joghurtbecher aufgestellt und ist nun bereits in der Lage, diese wieder zu neuen Bechern umzuschmelzen. In Nordrhein-Westfalen wurden Joghurt-Becher und anderer Kunststoffmüll geshreddert und als Material für Lärmschutzwälle verwendet. Und last not least scheint jetzt zumindest im Versuch zu gelingen, was lange erfolglos erprobt wurde: nämlich das Recyclen von gemischten Kunststoffen. Das ist vor allem wichtig, weil kaum reine Kunststoffprodukte vorkommen und man die verschiedenen Kunststoffe auch gar nicht sortiert sammeln könnte.

● Vermeiden Sie Plastik, wo immer es möglich ist. Nicht nur, weil die Recyclingprobleme noch nicht gelöst sind, sondern weil für die Herstellung von Kunststoff sehr viel Energie (Erdöl) benötigt wird.

● Über die **Plastiktüten** wurde bereits alles gesagt.

● **Kleidungsstücke** aus Synthetik lassen sich durch Produkte aus Baumwolle, Wolle, Leinen, Halbleinen oder Seide ersetzen. Nicht nur unsere Erde, auch Ihre Haut wird es Ihnen danken.

● Ähnliches gilt für **Plastikgeschirr**. Steingut, Ton oder Porzellan, fürs Picknick notfalls Pappe, ist nicht nur schöner, sondern auch gesünder: Speisen lösen aus PVC-Geschirr giftige Schwermetalle heraus.

● Stoppen Sie auch die Plastikflut in Ihrer **Küche:** Frischhaltefolie oder Plastiktüten für den Aufschnitt und den Käse lassen sich ganz vermeiden, Gefrierbeutel wiederverwenden.

● Auch eine Menge **Krimskrams** ist aus Plastik und läßt sich leicht vermeiden: Einwegfeuerzeuge, Kugelschreiber, aber auch Wäscheklammern (die sowieso viel schneller kaputtgehen, als hölzerne).

Gift- und Sondermüll

● Mengenmäßig mag er nur ein Klacks in unserer Mülltonne sein, der giftige oder umweltschädliche Problemmüll. Doch die 0,4 bis 1 Prozent haben es in sich und bedürfen ganz besonderer Behandlung. Die nachstehend aufgezählten Stoffe dürfen Sie *auf keinen Fall* (auch nicht mit schlechtem Gewissen) in die Mülltonne oder irgendwo in die Natur werfen. Erkundigen Sie sich bei Ihrer Gemeinde, bei Umweltschutzorganisationen, Bürgerinitiativen oder auf dem Landratsamt nach Entsorgungsmöglichkeiten. Sie sind überall vorhanden, einen etwas längeren Anfahrtsweg müssen Sie in diesem Fall in Kauf nehmen: Schließlich geht es um die Rettung unserer Erde.
Als Entsorgungsmöglichkeiten für Gift- und Sondermüll kommen in Frage:

- Sonder- oder Problemmüllsammelstellen, die es inzwischen praktisch in allen größeren Gemeinden gibt,
- Firmen oder Gesellschaften, die oft unentgeltlich und fachgerecht – manchmal allerdings nur bestimmte Arten von – Giftmüll entsorgen.

Also, alle nachstehend aufgeführten Stoffe nur an obengenannten Stellen abgeben, nie in die Mülltonne oder in die freie Natur werfen:

Pflanzenschutz- und Schädlingsbekämpfungsmittel

Alte Farben und alte Lacke

Alle lösemittelhaltigen Abfälle und Substanzen (z.B. Benzin, Spiritus, Pinselreiniger, Kleber, flüssige Lackrückstände, Kaltreiniger, Frostschutzmittel, Verdünner, Bremsflüssigkeit, Fleck- und Rostentferner, Aceton)

Öl- und fetthaltige Abfälle: Ölfilter, Ölschlamm, technische Fette und Wachse, Unterbodenschutz

Altöl (wird auch an den meisten Verkaufsstellen für Motoröl zurückgenommen). Altöl auch nie verschütten: **Ein Liter kann eine Million Liter Trinkwasser ungenießbar machen.**

Desinfektionsmittel, Holzschutzmittel

Laborchemikalien und Gifte (cyanid-, cadmium-, arsen- und quecksilberhaltige Substanzen)

Quecksilber (z.B. Thermometer, Schalter, Leuchtstoffröhren, Energiesparlampen, Quecksilberdampflampen

Batterien (z.B. Knopfzellen, Batterien aus Kameras, Monozellen, Akkus, Autobatterien).

Verbrauchte Knopfzellen und Kleinbatterien werden aber auch von vielen Elektrogeschäften, Apotheken oder Hörgeräte-Akustikern zurückgenommen.

Säuren, Laugen, Chemikalien aus dem Hobbybereich (Fotochemikalien, Chemielabor-Kästen, Bleichbäder)

Haushaltsreiniger (WC-Reiniger, Abflußfrei, Silbertauchbäder) und Waschmittel

Spraydosen, vor allem FCKW-haltige

Kosmetika

Asbest

PCB-Kondensatoren

Altmedikamente (können bei Apotheken abgegeben werden).

Daß ich Ihnen hier eine so schöne Liste vorgelegt habe, was Sie wo entsorgen können, heißt aber nicht – ja, ich weiß, ich wiederhole mich –, daß Sie all die aufgeführten Substanzen und Produkte jetzt weiter bedenkenlos kaufen können. Für die meisten dieser Dinge gilt: am besten gar nicht verwenden, denn auch die beste Recycling-Methode bedeutet hier noch Gift für die Umwelt.

Noch einmal zum Schluß: Phantasie ist gefragt, wenn wir unseren Müllberg schleifen wollen. Warum tun Sie sich zum Beispiel nicht mit Ihren Nachbarn zusammen? Beim Komposthaufen habe ich die Vorteile bereits geschildert, aber es gibt auch noch andere Möglichkeiten. Warum denn nicht auch mit dem Nachbarn zusammen eine gemeinsame Tonne nur für Aluminiumabfall oder nur für Glas benutzen? Wenn Sie sich darüber hinaus noch bei der Beseitigung von Sonder- oder Giftmüll zusammentun, sparen Sie sich viele Wege. Mit Nachbarn oder Freunden zusammen lassen sich auch Großeinkäufe beim Erzeuger organisieren – auch das spart Müll – und macht Spaß.

● Auch wenn nicht immer eine Mülltonne, ein Flaschencontainer oder ein Papierkorb zur Hand ist: Helfen Sie mit, daß Straßenränder, Fußgängerzonen, Bahndämme, Rastplätze, Wanderwege, Ufer und Gewässer von Abfällen sauber gehalten werden. Nehmen Sie Abfälle, die unterwegs anfallen, in einer Tüte wieder mit. Es findet sich immer irgendeine Möglichkeit, um sie auf umweltfreundliche Art loszuwerden. Benutzen Sie vor allem die Wälder nicht als Papierkorb oder gar als Müllkippe!

Putzen

Wenn Deutschlands Otto Normalverbraucher oder Clementine Saubermann etwas noch lieber machen als Waschen, dann ist es das Putzen. Schauen Sie sich doch mal die Werbung im Fernsehen an: Da glänzen die Böden, da strahlen die Küchenschränke, da spiegeln die Kacheln im Badezimmer – alles, als sei es noch nie benutzt worden. Die Kehrseite: Die Klärwerke der Bundesrepublik müßten aus den Abwässer jährlich zwei Millionen Tonnen Reinigungs-, Pflege- und Waschmittel herausfiltern, eine Aufgabe, die nicht zu bewältigen ist.

Es ist fast alles Gift, was glänzt

Es läßt sich an dieser Stelle gar nicht aufzählen, wieviele Gifte und Schadstoffe nur wegen unseres Putzfimmels der Natur schwersten Schaden zufügen (siehe auch Kapitel »Uns steht das Wasser bis zum Hals«, Seite 13). Und zur Natur gehören auch wir. Auch wir müssen die Dämpfe dieser aggressiven Chemikalien über unsere Atemwege oder über die Haut aufnehmen: sie vergiften unseren Körper, sie verursachen schwere Allergien, hartnäckige chronische Erkrankungen. Nicht zu vergessen die nahezu 2000 Kleinkinder, die jährlich in deutschen Arztpraxen behandelt werden müssen, weil sie eines der unvorsichtig aufbewahrten Putzmittel gegessen oder getrunken haben.
Die Schäden, die durch das Putzen mit den falschen Reinigungsmitteln angerichtet werden, sind so gravierend, daß Sie unser gemeinsames Anliegen, unsere Erde zu retten, meiner Meinung nach mit einer Entrümpelung und Entgiftung Ihres

Putzschrankes beginnen sollten. Dafür gibt es drei wichtige Grundregeln:

- **So wenig Chemie wie möglich.**
- **Die Putzmittel so knapp wie möglich dosieren.**
- **Immer nur das Mittel anwenden, das gerade noch ausreicht, das Schmutzproblem zu lösen.**

Praktische Vorschläge für umweltfreundliches Putzen

● Zur Grundausstattung Ihrer Putzmittel gehört zunächst einmal schlichtes Wasser. Sie glauben gar nicht – es probiert ja heute keiner mehr, was Sie mit Wasser, warmem Wasser, Wasser plus Schrubben oder Reiben, Wasser plus Essig oder Wasser plus einem einfachen (natürlich umweltverträglichen) Spülmittel alles sauberkriegen.
Dazu ein Beispiel aus eigener Erfahrung: Was haben meine Frau und ich früher (als wir noch nicht sehr umweltbewußt waren) nicht alles versucht, um unsere Edelstahlspüle einigermaßen zum Glänzen zu bringen. Ich möchte gar nicht wissen, wieviel Chemie bei diesen Experimenten im Abfluß und damit im nächsten Bach gelandet ist. Und dann bekamen wir einen Tip – und der war im wahrsten Sinn des Wortes glänzend: Einen Spritzer Spülmittel auf den nassen Lappen und ein paar Tropfen Essig. So sauber war unsere Spüle noch nie. Ist ja auch klar: Tests haben ergeben, daß Spülmittel eine vielen Spezialreinigern vergleichbare Reinigungskraft besitzen, und Essig beseitigt die Kalkränder und Streifen.

● **Wenn Sie jetzt Ihren Putzschrank entrümpeln, dürfen zunächst einmal nur noch fünf Produkte übrigbleiben, empfiehlt die Berliner Stiftung Verbraucherinstitut:**

- **Schmierseife für Böden, Türen, Kacheln, Badezimmer und WC,**

- **Spülmittel,**
- **Scheuerpulver für hartnäckigen Schmutz,**
- **Haushaltsessig und**
- **Spiritus.**

● Schütten Sie aber aus Ihrem Putzschrank das alte Giftzeug ja nicht auf den Abfall oder gar in den Ausguß oder in die Toilette. Es gehört auf jeden Fall zum Sondermüll.

● Wer glaubt, außer diesen milden Produkten für sein Putzprogramm noch weitere Spezialreiniger zu benötigen, sollte dann aber folgendes beachten: die Mittel stets genau nach Anweisung und einzeln (!) anwenden; sparsam dosieren; Gummihandschuhe benutzen und eventuell entstehende Dämpfe nicht einatmen; gut lüften.
– Niemals WC-Reiniger (stark sauer) und Sanitär-Reiniger (stark alkalisch) zusammen anwenden: Es können hochgiftige Chlorgase entstehen.

Wenn Sie nun Ihren Putzschrank nach ökologischen Gesichtspunkten ausgeräumt haben, sind Sie natürlich am Anfang im Zweifel, ob Sie Ihre Wohnung mit den »neuen« Reinigern auch auf Hochglanz oder zumindest sauber bekommen. Deshalb hier ein kleines Einmaleins des umweltbewußten Putzens:

● **Fenster:** Vergessen Sie die herkömmlichen Glasreiniger. Schon nach dem ersten »alternativen« Fensterputzen werden Sie von Ihren neuen Mitteln überzeugt sein. Die Fenster werden genauso sauber und die Reinigung ist ein Kinderspiel:
Zunächst starken Schmutz mit angefeuchtetem Zeitungspapier entfernen, dann die Fenster mit warmem Wasser mit Essig, warmem Wasser mit Spiritus oder einfach mit Geschirrspülmittel abwischen, anschließend trockenreiben. Für die Fensterrahmen nehmen Sie eine Schmierseifenlauge.

● **Toilette und Bad:** Alles, was uns die Werbung für dieses stille Örtchen einreden will, ist auf jeden Fall Gift für die Umwelt. Sanitärreiniger, Abflußreiniger und Desinfektionsmittel gehören zum schädlichsten, was man sich vorstellen kann, sowohl für die Gesundheit des Menschen als auch für Luft und Wasser. Wer sich einmal genau die Liste der Inhaltsstoffe dieser Produkte ansieht, weiß, was gemeint ist: Chlor, Ammoniak, Chlorkohlenwasserstoffe, Ätznatron. Eine unsinnige und überflüssige Belastung für die Umwelt sind auch WC-Steine und »Lufterfrischer«.

Greifen Sie lieber zum Sieben-Finger-Öko-Mittel gegen unangenehme Gerüche in der Toilette: Mit zwei Fingern die Nase zuhalten, mit den fünf Fingern der anderen Hand das Fenster öffnen!

– Abflüsse lassen sich frei halten, indem man vermeidet, verstopfende Gegenstände in den Ausguß oder in die Toilette zu werfen. Versuchen Sie es einmal mit einem Abfalleimer, da kann vieles rein, was man sonst leichtfertig in den Abfluß wirft, (zum Beispiel Tampons, Binden, Watte, Haare oder Zigarettenkippen). Ist es trotzdem passiert, hilft die Saugglocke (gibt es für ein paar Mark im Kaufhaus oder Sanitärgeschäft) oder eine Rohrreinigungsspirale. In hartnäckigen Fällen müssen Sie nur den Siphon unter dem Waschbecken öffnen und säubern.
Wenn es aus dem Abfluß unangenehm riecht, was auch ohne Verstopfung vorkommen kann, helfen 50 Gramm Hausnatron, die mit etwas Wasser hinuntergespült werden. Auf keinen Fall Abflußreiniger vorbeugend einsetzen!
– Chlorhaltige WC-Reiniger lassen sich ohne weiteres durch etwas Scheuerpulver in Verwendung mit einer Toilettenbürste ersetzen. In hartnäckigen Fällen einen größeren Schuß Essig ins Toilettenbecken geben, einwirken lassen, sauberbürsten.

– Die Kacheln und den Boden in Bad und WC reinigen Sie am besten mit einer Schmierseifenlauge, bei stärkerer Verschmutzung mit Scheuerpulver. Kalkflecken an den Fliesen und Armaturen von Badewanne oder Dusche lassen sich mit Essigwasser entfernen.

– Völlig unsinnig, weil schädlich und überflüssig, sind Desinfektionsmittel oder Reinigungsmittel mit Desinfektionszusätzen. In einem regelmäßig geputzten Bad und WC hat sich noch kein Mensch eine Infektion geholt. Davon abgesehen, sind diese Räume bereits Sekunden oder Minuten nach dem Desinfizieren nicht mehr keimfrei. Hygieniker raten aus zwei Gründen dringend vom Einsatz solcher Mittel ab, die allenfalls im Operationssaal oder in der Krankenpflege eine Berechtigung haben: Die Wirkstoffe der Desinfektionsmittel – Formaldehyd, Kresol, Jod, Chlor, Hexachlorophen – sind nicht nur für die zu bekämpfenden Mikroorganismen giftig sondern auch für den Menschen. Steriles Wohnen ist nicht gesund, weil das natürliche Gleichgewicht der überall vorhandenen Mikroorganismen zugunsten von Krankheitserregern gestört werden kann. Diese Kleinstlebewesen erfüllen beispielsweise auf unserer Haut und unseren Schleimhäuten eine wichtige Schutzfunktion; wird alles keimfrei gereinigt, verschwinden auch sie und können uns nicht mehr gegen Bakterien und Viren schützen.

Selbst Babys können ohne Desinfektionsmittel vor Infektionen geschützt werden: Das etwa dreiminütige Abkochen von Babyflaschen, Saugern und Schnullern bildet den ungefährlichsten und sichersten Schutz vor Erkrankungen.

Und hier noch ein paar Tricks aus Großmutters Trickkiste zur Reinigung in Sanitärräumen:

– Verkalkte Duschköpfe eine Zeitlang in heißes Essigwasser (im Verhältnis 1:1 gemischt) legen.

– Armaturen werden auch blank, wenn Sie auf das Wischtuch ein paar Tropfen Zitronensaft träufeln.
– Zum Polieren der Kacheln eignet sich auch Salz, das mit Terpentin angefeuchtet wird.
– Bei stark verkalkten Flächen: Essig mit Salz heiß zu einem Brei verrühren, auf die zu reinigenden Flächen bringen, nach einer Stunde abspülen, polieren.
– Spiritus im Verhältnis 1:4 mit Wasser verdünnt, reinigt und trocknet, ohne Fleckenränder zu hinterlassen.
– Vergraute Fugen zwischen den Kacheln im Badezimmer lassen sich mit in Wasser gelöster Schlämmkreide reinigen.

● **Küche:** Sparen Sie sich die teuren Entkalkungsmittel, die mit ihren aggressiven Säuren nicht nur das Abwasser belasten sondern auch die Gesundheit des Anwenders, also Ihre, gefährden. Essig ist ein hundertprozentiger Ersatz. Wenn Ihre Kaffeemaschine nicht mit Essig entkalkt werden darf (siehe Gebrauchsanleitung!), können Sie Zitronensäure (aus der Apotheke) verwenden.
– Die Reinigung des Backofens ist ein Kapitel für sich: Von den hartnäckigen Krusten, die sich im Backrohr bilden können (vor allem bei Zwetschgen-Kuchen!), lassen sich auch viele umweltbewußte Hausfrauen und -männer zur chemischen Keule verleiten. Doch die herkömmlichen Backofensprays enthalten Ammoniak oder Ätznatron und dürften eigentlich nur in Schutzkleidung und mit Gasmaske angewendet werden. Säubern Sie den Backofen deshalb mit Spül- oder Scheuermittel, und zwar gleich nach dem Benutzen (wenn er auf etwa 50 Grad abgekühlt ist, geht es am besten). Alternative: Verkrustete Stellen mit Wasser und Spülmittel über Nacht einweichen.
Verklebte Bleche sollten – noch warm – reichlich mit Kochsalz bestreut und nach dem Abkühlen normal abgespült werden.

Eine harte Sache, mit der in unseren Küchen Bestecke und andere Metallgeräte gereinigt werden. Denn diese Metallreiniger basieren meist auf aggressiven Säuren, gemischt mit ein paar Prisen Cadmiumsalzen, Cyaniden und Laugen. Eine gefährliche Mischung, die Sie – schließlich benutzen wir diese Geräte zum Essen – eigentlich nicht auf den Tisch bringen sollten. Dabei gibt es Alternativen, zum Beispiel für

Silberbesteck: In einen Topf kommt eine Lage Aluminiumfolie, darauf heißes Wasser und ein Teelöffel Kochsalz, beziehungsweise heißes Essigwasser. In diese Lösung legen Sie das zu reinigende Silberbesteck, das nach kurzer Zeit wieder wie neu aussieht. Im übrigen kann auch Zahnpasta beim Silberputzen gute Dienste leisten.
Stahl: Töpfe und Spülen aus Stahl glänzen wie neu nach einer Behandlung mit ganz normalem Salatessig.
Kupfer: In leichten Fällen genügt es, das Metall mit der Schnittfläche einer rohen Kartoffel oder mit einem feuchten, in Salz getunkten Lappen abzureiben. Bei stärkerer Verschmutzung sollten Sie sich eine Reinigungspaste aus Salz und Essig (funktioniert auch bei Messing) oder aus Schlämmkreide und Wasser anrühren. Den Metallgegenstand mit dem Brei einreiben, nach einigen Minuten abwaschen und mit einem trockenen, weichen Lappen polieren.

● **Möbel:** Möbelsprays und -polituren kommen zum Glück immer mehr aus der Mode: Ihre scharfen Lösungsmittel greifen die Atemwege an und können Allergien verursachen; FCKW als Treibgas zerstört die Ozonschicht. Greifen Sie statt dessen lieber zum guten alten Staubtuch, und wenn Sie es noch mit ein wenig Glycerin oder Paraffinöl tränken, zieht es den Staub noch besser an. Zur gründlichen Reinigung können – je nach Holzart – eingesetzt werden: Seifenlauge, Schmierseife, weißer Scheuersand, Essig mit Öl, Leinöl (bei rohem Holz), Kernseife bei lackiertem und lasiertem Holz. Kratzer auf dunklem, poliertem Holz entfernen Sie am besten mit Bohnerwachs, Schuhcreme, Leinölfirnis mit Terpentin oder Milch.

● **Teppiche und Polster:** Regelmäßiges Saugen erspart jedenfalls manche Reinigung mit Chemikalien. Flecken sollten Sie möglichst sofort und mit Wasser sowie einem Feinwaschmittel entfernen. Wenn Sie nicht auf eine Reinigung mit Shampoos verzichten wollen: Das Gewebe vorher kräftig ausbürsten oder absaugen, während des Reinigungsvorgangs gründlich lüften. Noch wichtiger ist sehr gründliches Absaugen nach der Reinigung, denn die Shampooreste im Gewebe wirken schmutzanziehend und können vor allem bei Kindern Allergien auslösen. Wenn Sie es ohne Chemie versuchen wollen: Die beste Reinigungswirkung erreichen Sie mit Wasser und Kernseife; eine im Verhältnis 1:10 mit Wasser verdünnte Essiglösung wirkt farbauffrischend.

● **Böden:** Kein Boden muß so glänzen, daß man sich drin spiegeln kann – dazu gibt es Wandspiegel. Holz- und Dielenböden sollten ausschließlich mit Wasser gewischt, ab und zu mit Bienenwachs eingelassen werden. Bohnerwachs, vor allem flüssiges, enthält Lösungsmittel. Auch alle anderen glatten Böden aus Stein, Ton oder Kunststoff lassen sich normal mit Wasser reinigen. Bei stärkerer Verschmutzung reicht Schmierseife völlig aus.

● **Schuhe:** Auf jeden Fall Hände weg von allen Sprays zum Imprägnieren und Reinigen. Ihre Anwendung verursacht nach Angaben von staatlichen Stellen bis zu 200 Vergiftungsfälle pro Jahr. Zur Imprägnierung reicht die regelmäßige Pflege der Schuhe mit Schuhwichse, Tubencreme oder Selbstglanzpflegemittel völlig aus. Fettflecken lassen sich durch vorsichtiges Reiben mit Waschbenzin, Wasserflecken mit einigen Tropfen Zitrone entfernen.

Verkehr

Viele von uns können nicht auf das Auto verzichten – sollen sie auch gar nicht. Aber wer fahren muß, sollte wenigstens darauf achten, daß er möglichst wenig die Luft verpestet, was schon beim sparsamen Kraftstoffverbrauch beginnt. Fahren Sie also mit dem Sparfuß statt mit dem Bleifuß. Wie? Das ist ganz einfach:

Ratschläge und Tips für umweltbewußtes Verhalten im Verkehr

Sparen beim Fahren

● Vernünftige Fahrt von vernünftigen Bürgern. Niemand hindert Sie an Ihrem privaten Tempolimit. Fahren Sie doch einfach auf den Bundesstraßen höchstens Tempo 80, auf Autobahnen nicht schneller als 100 km/h, in Wohngebieten nur 30 km/h. So tragen Sie zur Lärmberuhigung bei, verpesten die Luft mit weniger Abgasen – und schonen Ihre eigenen Nerven.

● Niemand hält Sie auch davon ab, einmal im Monat (oder öfter?!) einen privaten autofreien Sonntag einzulegen. Wenn das viele machen, ist die Kraftstoffersparnis und der Minderausstoß an Schadstoffen beträchtlich.

● Sparsamer Spritverbrauch beginnt mit dem **Führen des guten alten Fahrtenbuches,** auch zu privaten Zwecken. Wer regelmäßig die gefahrenen Kilometer, den Benzin-/Dieselverbrauch pro hundert Kilometer ausrechnet, merkt schnell, wenn er zu viel verbraucht. Die anderen Rubriken im Fahrtenbuch helfen aber auch, übermäßigen Öl-Verbrauch rasch zu erkennen, die notwendigen Wartungen regelmäßig einzuhalten oder zeigen, welche Fahrten überflüssig sind.

● Wenn Sie das nachstehende **Spartip-ABC** befolgen, können Sie erstaunliche Mengen an Treibstoff einsparen und einen Beitrag zur Rettung unserer Umwelt leisten.

Anfahren: Gaspedal nicht ganz durchtreten – das geht voll in die Kraftstoffkosten.

Bleifuß: Führt selten wesentlich schneller ans Ziel, verbraucht aber immer mehr Kraftstoff.

Choke: Bald nach dem Anfahren wieder einschieben, sonst verbrauchen Sie das Doppelte bis Dreifache an Sprit.

Dachgepäck: Erhöht den Benzinverbrauch bei einer Geschwindigkeit von 100 bis 120 Stundenkilometer schon um 12 Prozent. Drosseln Sie also das Tempo.

Fahrgemeinschaften: Bei einem 20 Kilometer langen Anfahrtsweg zur Arbeit kann eine Vierergemeinschaft pro Jahr 1300 Liter Kraftstoff sparen.

Fahrweise: Fahren Sie ruhig und ausgeglichen. Tests haben bei gleichen Fahrzeugen, gleicher Fahrzeit und gleicher Strecke, aber unterschiedlichem Fahrverhalten Abweichungen im Benzinverbrauch von bis zu 45 Prozent ergeben.

Geschwindigkeit: Wer nur 20 Prozent unter der möglichen Höchstgeschwindigkeit seines Wagens bleibt, kann bei einem Mittelklassewagen ein Viertel des Kraftstoffverbrauches sparen. Bei größeren Wagen ist es noch mehr.

Halten: Der Motor verbraucht im Leerlauf in 3 Minuten soviel Sprit wie für einen Kilometer Fahrt. Deshalb den Motor im Stau, bei längeren Ampelstops oder an Bahnschranken abstellen. Beim Wiederstarten aber nicht unnötig Gas geben. So werden deutlich weniger Schadstoffe ausgestoßen und Treibstoff eingespart. Unnötig ist das Laufenlassen des Motors auch, wenn

man damit nur heizt. Dafür gibt es längst Standheizungen, die viel weniger Schadstoffe freisetzen und leiser sind als der Motor.
Kerzen und Luftfilter: Regelmäßig wechseln lassen, sonst Mehrverbrauch bis zu 20 Prozent.
Kurzstrecken: Sie sind die größten Benzinschlucker mit nahezu doppeltem Kraftstoffverbrauch. Also, »zum Zigarettenholen um die Ecke« lieber zu Fuß gehen.
Ökonometer: Kontrollgerät für den momentanen Benzinverbrauch, das auch nachträglich eingebaut werden kann. Es zeigt an, ob die jeweilige Fahrweise verbrauchsgünstig ist.
Öl: Motoröl, das über den obersten Strich auf dem Meßstab reicht, Sommeröl im Winter oder auch schlechte Ölqualität (zu seltener Ölwechsel) erhöhen den Reibungswiderstand im Motor, der Benzinverbrauch steigt.
Park and Ride: Parken Sie Ihr Auto öfter in Außenbezirken und fahren Sie mit öffentlichen Verkehrsmitteln weiter. Damit sparen Sie ganz schön Sprit, weil der innerstädtische Stop-and-Go-Verkehr besonders viel Kraftstoff schluckt.
Reifen: Zu wenig Luftdruck = zu viel Spritverbrauch.
Rush hour: Vermeiden Sie möglichst die Zeiten mit hoher Verkehrsdichte im Stadtverkehr. Ständiges Bremsen, Anhalten und Anfahren erhöhen den Benzinverbrauch beträchtlich. Wenn sich die Autofahrt schon nicht vermeiden läßt, nehmen Sie wenigstens einen (weniger befahrenen) Umweg in Kauf – *aber nicht durch Wohngebiete!*
Startautomatik: Bei Kurzstreckenverkehr (bis zu zehn Kilometern) kann der Benzinverbrauch bei falsch eingestellter Startautomatik bis auf das Doppelte ansteigen. Lassen Sie diese deshalb regelmäßig überprüfen.
Tanken: Tanken Sie an heißen Tagen nie zu voll. Der Sprit verdunstet sonst nur durch die Entlüftungsleitung.
Zündanlage: Alle Teile regelmäßig kontrollieren lassen. Sind sie falsch eingestellt oder defekt, hat das einen hohen Benzinverbrauch zur Folge.

Auto und Umwelt

● Müssen es eigentlich immer diese langen Wochenendausflüge mit dem Auto sein? Wandern Sie doch mal oder machen Sie eine Radtour. Im übrigen: Die Bundesbahn fährt auch am Wochenende zu sehr günstigen Preisen und ohne jeden Stau.

● Boshafte Zeitgenossen behaupten, manchen Deutschen sei das **Autowaschen** wichtiger als die eigene Körperpflege. Doch nun mal ohne Spaß: Ihr Auto muß nicht immer funkeln und spiegeln. Die bei der Wagenpflege verwendeten Reinigungsmittel sind Gift für unseren Boden und unser Trinkwasser. Und vor allem: Waschen Sie Ihr Auto nicht auf der Straße, im Garten oder in der freien Natur. Die abgeschwemmten Öl- und Benzinreste gelangen dort auf dem direktesten Weg ins Grundwasser. Wenn schon Waschen, dann in einer Anlage, in der das Waschwasser zwischen den einzelnen Waschvorgängen gereinigt und dann wiederverwendet wird. Diese Anlagen erkennen Sie am Blauen Umweltengel.

● Tanken Sie unbedingt bleifrei, wenn es Ihr Motor verkraftet (kann Ihnen Ihre Werkstatt sagen!). Das hat gleich mehrere Vorteile: Es erspart der Luft und dem Boden und damit auch uns die vor allem für Kinder so gefährlichen Blei-Emissionen; es schont Auspuffanlage, Zündkerzen und Motoröl sowie den Geldbeutel: Bleifreies Benzin ist überall billiger als verbleites Benzin.

● Verhalten Sie sich beim Kauf eines Neuwagens wie bereits 89 Prozent Ihrer Mitbürger und entscheiden Sie sich für ein Modell mit geregeltem **Dreiwege-Katalysator.** Damit können Sie auch noch (bis 31.7.1991) viel Geld sparen, nämlich durch die Steuervorteile für als schadstoffarm eingestufte Kraftfahrzeuge. Je nach Hubraum gibt es eine Steuerbefreiung für einen Zeitraum von knapp drei bis zu fünf Jahren (macht in jedem Fall etwa 1100 Mark aus). Mit dem gleichen Betrag direkt gefördert wird die Nachrüstung mit einem Drei-Wege-Kat.

● Autos – auch die mit Katalysator! – verpesten außerdem nicht nur die Luft, sie sind auch eine ständige und lästige Lärmquelle – mit allen negativen Konsequenzen für die Gesundheit des Menschen und für die Tierwelt. Beachten Sie deshalb folgendes:

– Lassen Sie den Motor nicht unnötig im Stand oder »warm«-laufen.
– Jagen Sie den Motor nicht im Leerlauf hoch.
– Beachten Sie strikt Geschwindigkeitsbeschränkungen aus Lärmschutzgründen.
– Fahren Sie so niedertourig wie möglich.
– Fahren Sie vorausschauend, um Beschleunigungs- und Bremsvorgänge so kurz wie möglich zu halten.
– Keine Kavalierstarts.
– Nicht mit quietschenden Reifen in die Kurven fahren.
– Lautes Türenschlagen vermeiden.
– Ihre Stereoanlage im Auto ist nur für Sie bestimmt, zu laute Musik stört unter Umständen andere Verkehrsteilnehmer.
– Achten Sie beim Kauf eines Fahrzeuges auf die Lärmwerte.

● Hier noch einmal, weil es wirklich wichtig ist: Schütten Sie das Altöl Ihres Wagens nicht irgendwohin, nicht in die freie Natur, nicht in den Gully oder in die Kanalisation. Auf der Gemeinde oder dem Landratsamt erfahren Sie, wo sich die nächste Altölsammelstelle befindet. Außerdem sind alle gewerbsmäßigen Vertreiber von Motor- oder Getriebeöl verpflichtet, Altöl kostenlos an der Verkaufstelle oder in deren Nähe zurückzunehmen – also nicht nur Tankstellen, sondern auch Kaufhäuser und Supermärkte!

● Abgefahrene Reifen haben nichts zu suchen in einer verlassenen Kiesgrube oder im Wald. Tankstellen und der Reifenhandel nehmen sie kostenlos zurück. Bei Ihrer Gemeinde können Sie auch kommunale Sammelstellen für Altreifen erfragen.

● Kaum zu glauben, aber oft praktiziert: Manche Leute lassen ihr ausgedientes und abgemeldetes Auto irgendwo auf der Straße oder in der freien Natur stehen. Korrosion und Zerfall sorgen dann schnell dafür, daß Giftstoffe in den Boden gelangen. Bringen Sie den alten Wagen also zum Schrotthändler oder zu einer Altautosammelstelle.

Radfahren: aktiver Umweltschutz

Es wird gerne alternativ genannt, dabei ist das **Fahrrad** *das* Verkehrsmittel der Vergangenheit, Gegenwart und Zukunft. Es ist absolut umweltfreundlich, wartungsarm, billig, im Kurzstreckenbereich schneller als das Auto und in seiner Benutzung auch noch gesund. 70 Prozent aller Bundesbürger besitzen ein Fahrrad, nur die Hälfte dagegen ein privates Auto. Schon jetzt hat es – nicht nur im Freizeitbereich – einen, wie die Verkehrsexperten es ausdrücken, hohen Benutzungsgrad. 17 Prozent aller Berufstätigen fahren mit dem Rad zur Arbeit, und für Einkäufe wird es sogar von jedem Fünften benutzt (was auch widerlegt, daß sich mit dem Drahtesel keine Lasten transportieren lassen. Probieren Sie einmal aus, was in Satteltaschen und/oder Fahrradkörben alles unterzubringen ist, ohne das Fahrverhalten zu beeinträchtigen). Und hier noch einige weitere Vorteile des Fahrrads gegenüber dem Auto.

● Bei Entfernungen bis zu vier Kilometern (bei günstigen Verhältnissen sogar bis zu sechs Kilometern) ist das Fahrrad schneller als PKWs oder öffentliche Verkehrsmittel. Im Bundesgebiet sind aber 50 Prozent aller mit dem Auto zurückgelegten Wege kürzer als drei Kilometer. Überlegen Sie einmal, was an Spritkosten unnötig ausgegeben wird und wie sehr unsere Umwelt darunter leidet, weil ein Drittel aller Autofahrten weniger als drei Kilometer ausmachen.

● Radfahren ist aktiver Umweltschutz. Ein PKW pustet in jeder Stunde, in der der Motor läuft, 100 000 (!) Liter Abgase in die Luft, ein Radfahrer dagegen nur körpereigene Düfte. Außerdem verursacht das Fahrradfahren keinen Lärm.

● Mit dem Fahrrad fahren Sie von Tür zu Tür. Staus oder Engpässe gibt es für Sie nicht, ebenso keine Parkplatzprobleme. Sie können direkt vor der Tür parken.

● Fahrradfahren schafft Bewegung und ist gesund. Regelmäßiges Fahren fördert nachweislich die Funktion von Herz und Kreislauf sowie den Stoffwechsel und die allgemeine körperliche Leistungsfähigkeit. Wer radelt, braucht nicht zu joggen. Von Medizinern werden Radfahrern fünf zusätzliche Lebensjahre eingeräumt.

● Beim Radeln werden Umwelteindrücke viel unmittelbarer aufgenommen – Sie lernen die Natur oder auch Ihre Stadt viel besser kennen. Außerdem ermöglicht Radfahren die Benutzung schöner Schleichwege durch stille Straßen mit Gärten und durch Grünanlagen sowie Parks.

● Selbst auf vielbefahrenen Straßen müssen Radfahrer – entgegen einer weitverbreiteten Meinung – die vielen Abgase nicht fürchten. Infolge der besseren Luftzirkulation beträgt die Abgasbelastung für sie nur die Hälfte von dem, was ein PKW-Insasse sogar bei geschlossenen Fenstern »schlucken« muß. Hinzu kommt, daß beim Auto die Luft für den Innenraum aus sehr niedriger Höhe angesaugt wird, dort, wo die Konzentration, der schweren Schadstoffe am höchsten ist; der Radfahrer hingegen »trägt seine Nase weiter oben«, wo die Luft schon besser ist.

● Last, but not least: Radfahren hat in den letzten Jahren ein ausgesprochen gutes Image gewonnen. Wer mit dem Rad zur Arbeit kommt, gilt nicht mehr als »alternativ« oder »Spinner«, sondern als sportlich, aktiv, gesundheits- und umweltbewußt, in manchen Kreisen sogar als schick.

● Und zu allerletzt eine Bitte: Fahren Sie nicht nur einfach Rad, sondern reihen Sie sich aktiv in die noch viel zu schwache Radfahrer-Lobby ein. Gehen Sie auf Bürgerversammlungen, schreiben Sie Leserbriefe, tun Sie sich mit Gleichgesinnten zusammen. Fordern Sie, wann immer es geht, öffentlich neue Radwege, farblich abgesetzte Radspuren, eigene Ampeln für Radfahrer, mehr Fahrradständer an Haltestellen der öffentlichen Verkehrsmittel.

● Besinnen Sie sich auch wieder öfter einmal auf ein Verkehrsmittel, das Ihnen die Natur mitgegeben hat, das sozusagen in den menschlichen Körper eingebaut ist: Ihre Füße. Der Weg zum Zigarettenautomaten, zur nächsten Bus- oder U-Bahnhaltestelle, der Einkauf im Laden um die Ecke, das alles kann auch zu Fuß erledigt werden. Da lohnt es sich oft gar nicht, das Fahrrad aus dem Keller oder der Garage zu holen. Versuchen Sie es einfach mal wieder, es ist nicht nur gesund und kommunikativ (durch den Schwatz mit dem Nachbarn), sondern macht auch Spaß.

Waschen

Sie sind wohl nicht ganz sauber, die Deutschen: Sage und schreibe nahezu vier Milliarden Mark geben wir Jahr für Jahr allein für Waschmittel aus. Für jeden Bundesbürger, vom Baby bis zum Greis sind das fast 70,– DM. Gut, unsere Wäsche ist dann so weiß, wie es weißer nicht geht, oder nicht nur sauber, sondern rein – dafür geht es unserer Umwelt um so dreckiger. Über 700000 Tonnen Waschmittel und über 300000 Tonnen Weichspüler, werden in der Bundesrepublik pro Jahr verkauft, benutzt und gelangen damit gelöst ins Abwasser. Weil diese Chemikalien in diesen Mengen in den Kläranlagen nur zu drei Vierteln zufriedenstellend geklärt werden können, landen immer noch unvorstellbare Mengen in unseren Bächen, Flüssen, Seen und Meeren. Dort wirken sie wie Dünger, beschleunigen entsprechend das Algenwachstum, welches den für die anderen Lebewesen im Wasser notwendigen Sauerstoff entzieht – das Gewässer kippt um, ist tot. Der sinnvolle und sparsame Gebrauch von Waschmitteln hilft mit, ein Stückchen Erde zu retten.

Umweltfreundliches Waschen – kein Gewäsch

So sparen Sie Waschmittel, Wasser und Energie

- Waschen Sie nach Möglichkeit nicht an den klassischen Waschtagen Montag und Samstag. An diesen Tagen können die Kläranlagen die durch das Waschen in die Abwässer geschwemmten Schadstoffe kaum verkraften.

● Ganz gleich, welche Waschmittel Sie verwenden, ob herkömmliche, Bio- oder Ökoprodukte, dosieren Sie so sparsam wie möglich. Sonst geht es nur den Bach hinunter – mit den Gewässern.

● Achten Sie bei der Dosierung Ihres Waschmittels auf seine Ergiebigkeit. Auf der Verpackung muß angegeben sein, wieviel Kilogramm Trockenwäsche mit einem Kilogramm des betreffenden Produktes in Abhängigkeit von der Wasserhärte gewaschen werden können. Greifen Sie ruhig mal zu Papier und Bleistift, um Ihre individuelle Waschmittelmenge zu ermitteln.

● Waschmittel sparen, das ist leichter, als man zunächst annimmt. Die tatsächlich benötigte Waschmittelmenge ist weniger von den Angaben des Herstellers abhängig, als von der Härte Ihres Wassers. Auskunft über den Härtegrad erhalten Sie beim örtlichen Wasserwerk. Bei weichem Wasser (0 bis 7 Grad deutscher Härte) genügen zwei Drittel der vom Waschmittelhersteller angegebenen Menge. Ist Ihr Wasser härter, sollten Sie zum Ausgleich aber auch nicht mehr Waschpulver oder -flüssigkeit nehmen (das ist nur ein Verkaufstrick des Herstellers), sondern einen – natürlich phosphatfreien – Enthärter. Ermitteln Sie Ihre individuelle Waschmittelmenge am besten selbst: Fangen Sie mit geringsten Dosen an und steigern Sie die Menge nur, wenn Sie mit dem Waschergebnis (bei aller umweltfreundlichen Toleranz) nicht zufrieden sind.

● Phosphatfrei, das ist Ehrensache, andere Waschmittel gibt es ja kaum noch. Aber Duft- und Farbstoffe, optische Aufheller, Weichspüler oder Enzyme haben in unseren Gewässern genausowenig zu suchen, also auch nicht in den Waschmitteln. Doch auch die sogenannten Bio-Waschmittel mit Seifen und Tensiden, mit Phosphatersatzstoffen und Bleichmitteln sind Gift für die Fische. Also noch einmal der eindringliche Rat: Geizen Sie mit Waschmitteln, Sie schonen damit nicht nur Ihren Geldbeutel!

- Hände weg von Flüssigwaschmitteln. Die Stiftung Warentest hat im Hinblick auf ihre Umweltverträglichkeit erst 1989 eindeutig davon abgeraten. Sie enthalten nämlich neben schwer abbaubaren Tensiden auch noch andere problematische Inhaltsstoffe.

- Nehmen Sie häufiger Feinwaschmittel, sie enthalten keine Bleichmittel und sind daher umweltfreundlicher als Vollwaschmittel.

- Entscheiden Sie sich beim Neukauf einer Waschmaschine für ein Modell, das einen – bis zu 20 Prozent – geringeren Wasserverbrauch hat. Achten Sie darauf, daß die Maschine über eine Wasserenthärtungsanlage verfügt, das spart Waschmittel.

- Nutzen Sie das Fassungsvermögen Ihrer Waschmaschine immer voll aus. Jede nicht ausgenutzte Waschtrommel bedeutet Wasserverschwendung, Energieverschwendung und Waschmittelverschwendung. Das gilt auch, wenn Sie im Sparprogramm waschen.

- Setzen Sie die Spartaste 1/2 nur in Ausnahmefällen ein; zum Beispiel bei färbender Wäsche oder wenn die Wäsche schnell benötigt wird. Wenn Sie zweimal eine halbe Füllung waschen, wird mehr Energie verbraucht, als bei einer vollen Maschine.

- Nutzen Sie die angebotenen Kurzprogramme, beispielsweise für Sport- und Saunawäsche.

- Den blauen Engel auf Waschmittel-Produkten werden Sie allerdings vergeblich suchen. Waschmittel, die wirklich waschen, sind alle mehr oder weniger umweltschädlich. Aber auf das »weniger« haben Sie einen Einfluß:

● Die bisher genannten Tips lassen sich unter dem Stichwort »**Waschen nach dem Baukastenprinzip**« zusammenfassen. Dabei werden die Allroundwaschmittel, die Fertigmischungen ersetzt durch drei miteinander kombinierbare Produkte:
– Ein Waschmittel, das ohne weitere Zusätze für weiches Wasser und mäßig verschmutzte Wäsche geeignet ist.
– Ein separates Enthärterpulver, das bei höheren Wasserenthärtern wohldosiert eingesetzt werden kann.
– Und ein separates Bleichmittel, das bei stärker verschmutzter weißer Wäsche gezielt eingesetzt werden kann.

Ein Beispiel für die Vorteile dieses Systems: Wenn Ihr Wasser sehr hart ist, müssen Sie bei einem herkömmlichen Waschmittel höher dosieren. Sie schütten dann aber auch größere Mengen von waschaktiven Substanzen und Bleichmitteln in die Maschine – obwohl dies zum Beispiel bei einer wenig verschmutzten, bunten 30-Grad-Wäsche gar nicht notwendig wäre. Erkundigen Sie sich bei Ihrem Händler oder im Bio-Laden nach solchen Waschmitteln nach dem Baukastenprinzip.

● Auch die reinlichste Frau Saubermann und der reinlichste Herr Sauberfrau sollten darauf verzichten: auf die Vorwäsche. Starke Verschmutzung, die der Hauptwaschgang nicht schafft (was selten der Fall ist), bewältigt man mit dem guten, alten Einweichen. Das spart neben Waschmittel auch Wasser und Strom. Einweichen ist übrigens ganz einfach: Die Wäsche über Nacht in einer Seifenwaschmittel-Lösung stehenlassen, dann wie üblich in der Maschine waschen. Oder: Die Wäsche bei nur leicht erhöhter Waschmittelzugabe etwa fünf Minuten im Hauptwaschgang waschen, die Maschine abschalten, über Nacht stehenlassen. Tags darauf wie üblich waschen.

● Einweichen ist auch *die* Methode, um so manche Kochwäsche zu vermeiden. Ganz Umweltbewußte halten sie sowieso für völlig überflüssig, weil die Wäsche auch bei 60 Grad hygienisch sauber wird und auch bei 60 Grad 99 Prozent aller Bakterien abgetötet werden. Ausnahme: Wäsche für Säuglinge oder Kranke.

● Haben Sie schon einmal darüber nachgedacht, ob wirklich jedes Wäschestück, das in Ihrer Waschmaschine landet, auch tatsächlich einen Waschvorgang nötig hat, der Wasser, Waschmittel und Strom verbraucht? Die Bluse, die nach einem Abend in der Kneipe ein bißchen verräuchert ist, der Jogging-Anzug, der von einem Lauf etwas nach Schweiß riecht oder der einmal getragene Pulli. In solchen Fällen hilft ein Mittel, das unsere Mütter und Großmütter mit Begeisterung angewendet haben. Und zwar nicht, weil sie sich vor dem Waschen drücken wollten, sondern weil es den Kleidungsstücken wirklich guttat: das **Auslüften.** Das Hemd, die Bluse, den Pulli über Nacht oder gar ein paar Tage lang an die frische Luft hängen, und die Kleidungsstücke duften besser als nach jeder noch so gründlichen Maschinenwäsche.

Der Fleck muß weg!

● Die ökologisch unbedenkliche Beseitigung besonders hartnäckiger Flecken ist vielleicht etwas mühsam, unsere Erde wird es Ihnen jedoch danken. Vor allem gilt: Hände weg von Fleckenwassern und anderen flüssigen oder pulverförmigen Fleckentfernern. Da können Sie gleich Gift pur in den nächsten Bach kippen. Das einfachste und waschmittelsparendste ist, Flecken sofort zu entfernen. Dafür gibt es einige Tricks. Generell werden

Eiweißflecken von Soßen, Eiern, Blut, Kakao oder Milch mit kaltem Wasser,

Fettflecke mit lauwarmer Seifenlauge,

Obstflecke mit Buttermilch, Gallseife und/oder durch das bleichende Sonnenlicht beseitigt.
Im einzelnen rücken Sie den Flecken so zu Leibe:
Blut – in Sodalösung einweichen.
Fruchtsaft – frische Flecken mit warmem Wasser behandeln oder mit Salz bestreuen; alte Flecken mit heißem Wasser übergießen (auf Baumwolle oder Leinen) oder mit verdünntem Salmiakgeist behandeln.
Gras – mit heißem Wasser ausreiben.
Heidelbeer – Zitronensaft einwirken lassen.
Kaffee – heißes Seifenwasser auf die Flecken geben.
Kugelschreiber, Filzstifte – mit einem in Zitronensaft oder sehr hochprozentigem Alkohol getränkten Tuch ausreiben. Zwischendurch den bereits gelösten Farbstoff mit Papier aufsaugen.
Maschinenöl – mit Salmiakgeist einweichen und in handwarmer Seifenlauge auswaschen.
Rotwein – dick mit Salz bestreuen, einwirken lassen, abschütteln.
Spinat – mit der Schnittfläche einer rohen Kartoffel abreiben, in Seifenlauge auswaschen und gut spülen.

Die weiche Welle

● Sie werden zum Glück immer weniger, die Waschfanatiker, die sich und ihren Lieben mit der Aprilfrische schmuseweicher Wäschestücke eine heile Welt vorgaukeln wollen. Nie sind mehr Menschen auf eine Illusion der Werbung hereingefallen, nie hat das schlimmere Folgen gehabt. 300 000 Tonnen **Weichspüler** haben wir auf dem Höhepunkt dieser weichen Welle jährlich verbraucht. Diese Waschhilfen bestehen jedoch aus speziellen Tensiden, Chemikalien also, die für alles Leben im Wasser giftig und vor allem biologisch nur schwer abbaubar sind. Doch damit nicht genug: Weichspüler ziehen wie ein dünner Film über die Wäschestücke, was die Saugfähigkeit stark herabsetzt und bei Handtüchern oder Unterwäsche gar nicht erwünscht ist. Gleichzeitig bedroht dieser Film mit seinen aggressiven Chemikalien die Haut nicht nur empfindlicher Menschen; schmerzhafte Entzündungen und Allergien können die Folge sein. Und überflüssig sind diese flüssigen Weichspüler ohnehin: Schon nach kürzester Tragezeit (wenige Minuten) werden die Wäschestücke sowieso weich. Völlig unnötig sind Weichspüler, wenn die Wäsche beim Trocknen bewegt wird (im Freien). Dann wird sie gar nicht erst hart.

● Dasselbe gilt übrigens auch für eine neue Generation von Waschmitteln, in denen der Weichspüler bereits integriert ist.

Trocknen und Bügeln

● Er ist eines der überflüssigsten Haushaltsgeräte: der **Wäschetrockner.** Platz für eine Wäscheleine ist in der kleinsten Hütte, pardon, in der kleinsten Wohnung, im winzigsten Keller oder auf dem schmalsten Balkon. Und sanft trocknen diese Geräte sowieso nicht. Sammeln Sie einmal all das, was im Flusensieb als Abrieb der Textilien hängenbleibt: da können Sie sich schon bald einen neuen Pulli draus stricken. Wenn es denn schon sein muß, kaufen Sie wenigstens einen Trockner mit dem geringsten Stromverbrauch. In der Regel sind dies die sogenannten Ablufttrockner. Den geringeren Energieverbrauch, der dazu beiträgt, ein stinkendes Kohlekraftwerk mehr überflüssig zu machen, bekommt vor allem Ihr Geldbeutel zu spüren. Wenn Sie Ihren Trockner alle zwei Tage benutzen, verursachen diese Modelle etwa 150,- DM Stromkosten im Jahr; bei stromfressenden Vollwaschtrocknern können es 550,– DM jährlich sein. Energiesparend arbeitet Ihr Trockner dann, wenn Ihre Waschmaschine eine Schleuderdrehzahl von mindestens 900

Umdrehungen in der Minute hat. Erreicht sie das nicht, ist die Wäsche für den Trockner zu feucht.

● Umweltbewußte Hausfrauen und -männer können mit einigen Tricks sogar beim **Bügeln** Strom sparen:
– Sortieren Sie die Wäsche vor dem Bügeln nach den verschiedenen Bügeltemperaturen und stellen Sie dann das Bügeleisen entsprechend ein.
– Schalten Sie das Bügelgerät in jeder – auch einer kürzeren – Arbeitspause ab, indem Sie den Stecker aus der Dose ziehen. Wenn Sie das Eisen nur auf Null stellen, wird oft – wenn auch geringfügig – Energie verbraucht.
– Sowohl zu feuchte, als auch zu trockene Wäsche muß länger gebügelt werden, braucht also mehr Strom.
– Die Restwärme des Bügeleisens nach dem Ausschalten kann gut zum Bügeln von Feinwäsche, für die nur niedrige Temperaturen erforderlich sind, genutzt werden.

Chemisch reinigen: eine Belastung für Gesundheit und Umwelt

Ein dunkles Kapitel für sich sind die chemischen Reinigungen. 1989 wurden im Bundesgebiet eine ganze Reihe solcher Betriebe – offensichtlich ganz besondere Giftküchen – geschlossen. Doch Vorsicht: Auch die, die noch bestehen, benutzen zum großen Teil als reinigungsaktive Chemikalie das sogenannte Perchlorethylen, kurz PER genannt, von dem 17000 Tonnen jährlich verwendet werden. Es ist ein Leber- und Nierengift, krebsverdächtig und wirkt bei stärkerer Konzentration betäubend. Es reichert sich in allem an, was Fett enthält – in vielen Lebensmitteln, aber auch im menschlichen Fettgewebe. Gelangt PER ins Wasser, ist es praktisch nicht mehr abbaubar. Wasser, das mit PER verseucht ist, kann man nicht mehr trinken. Jeder von uns kann dazu beitragen, die Verwendung des Umweltgiftes PER zu reduzieren:

- Kleidungsstücke so wenig wie irgend möglich in die Reinigung bringen. Viele Sachen lassen sich normal waschen.

- Schon beim Kauf darauf achten, daß das Kleidungsstück nicht ausschließlich gereinigt werden muß.

- Auch wenn Sie vielleicht einen kleinen Umweg machen oder etwas länger auf Ihre Kleidung warten müssen: Vermeiden Sie auf jeden Fall Selbstbedienungs-Reinigungen, suchen Sie einen Meisterbetrieb auf, der dem Bundesverband der Reinigungsunternehmen angehört. Diese Betriebe erfüllen strenge Auflagen: Das PER wird in einem geschlossenen Kreislauf gehalten, die Kleider gelüftet, bevor sie der Kunde zurückbekommt.

- Lüften auch Sie Ihre frisch gereinigten Kleider mindestens drei Tage, damit die PER-Reste verdunsten können.

Wohnen

Klar, ab und zu bringt man seine Wohnung oder sein Haus mal wieder in Schuß. Hier ein neuer Anstrich, dort ein bißchen Imprägnierung fürs Holz, mal eine neue Zwischenwand aus Spanplatten oder ein neuer Teppichboden. Doch bei diesen **Renovierungsarbeiten** sollte uns ein Schutzengel beiseite stehen, denn hier kann man soviel falsch machen, daß auch noch unsere Kinder unter den Folgen zu leiden hätten. Dieser Schutzengel hat einen Namen, es ist der Blaue Umweltengel, und er ziert Produkte, die von einer weitgehend unabhängigen Kommission (nach Umweltgesichtspunkten) für relativ unbedenklich erklärt wurden. Nachstehend zeigt uns dieser Engel, wie wir dem Umwelt-Himmel etwas näher kommen können.

Empfehlungen für umwelt- und gesundheitsbewußtes Wohnen

Vorsicht Farbe!

● Ziemlich heikel ist schon mal die Verwendung von **Lacken.** Sogar viele Produkte, die sich mit den Begriffen »öko« oder »Bio« schmücken, sind mit Vorsicht zu genießen. Auch bei ihnen haben Tests einen sehr hohen Anteil an organischen Lösungsmitteln ergeben – und der ist in jedem Fall bedenklich. Auch wenn es schwerfällt, einige dieser Umweltgifte überhaupt zu empfehlen:
Greifen Sie zu Lacken, die der Blaue Umweltengel mit dem Zusatz: »Umweltzeichen weil schadstoffarm« ziert.
Doch auch die Lacke mit diesem Prädikat sollten Sie nur an-

wenden, wenn der Raum gut durchlüftet ist, Sie sollten beim Verspritzen einen Atemschutz tragen und während des Lackierens keinesfalls rauchen oder essen.

● Weniger Bedenken müssen Sie bei Anstrichen mit **Dispersionsfarben** haben. Man kann sie zwar nur für das Streichen von Decken und Wänden, von Rauhfasertapeten und Spanplatten verwenden, dafür enthalten sie aber nur in sehr geringem Umfang Lösungsmittel.

Da ist der Wurm drin

● Noch nicht im Holz, aber in vielen **Holzschutzmitteln.** Zwar ist das äußerst gefährliche PCP für diese Mittel inzwischen untersagt, doch auch andere Stoffe, die das Holz vor Schädlingen schützen sollen, werden mit der Zeit in die Raumluft abgegeben und vergiften Menschen, Tiere und Pflanzen.
Holz für Innenräume muß aber überhaupt nicht geschützt werden, wenn es vor dem Einbau genügend ausgetrocknet ist. Dann genügt es, das Holz mit Wachs einzulassen und diesen Schutz einmal im Jahr zu wiederholen. Achten müssen Sie darauf, daß das Holz, das Sie kaufen, nicht schon vorher mit chemischen Mitteln behandelt wurde.
Schwieriger wird es bei Holz, das beim Hausbau verwendet wird. Dafür gibt es genaue Vorschriften, die den Einsatz von Holzschutzmitteln, vor allem für tragende Konstruktionen, vorschreiben. Aber auch hier sind umweltverträgliche Verfahren möglich, zum Beispiel der Einsatz von Heißluft. Genauere Auskünfte erteilen die Verbraucherorganisationen und das Bundesgesundheitsamt in Berlin

Gefährlich (k)leben

● Das hält lange fest: die Gifte, die Sie mit den diversen **Kleb-**

stoffen in Ihre Wohnung gebracht haben. Das Übel, das ihnen im wahrsten Sinne des Wortes anhaftet, sind die Lösemittel, die bei intensiver Aufnahme zu rauschartigen Zuständen und später sogar zu Leberschäden führen können. Bei Zweikomponentenklebern können vor allem im Bindeanteil stark umwelt- und gesundheitsgefährdende Chemikalien enthalten sein. Die Alternativen sind Tapetenkleister, Klebebänder und Klebestifte; für Fußbodenelemente, Teppichböden und Fliesen auch lösemittelarme Dispersionskleber.

Damit Ihnen die Luft nicht wegbleibt

● Schützen Sie sich – vor allem in geschlossenen Räumen – vor den bei vielen Arbeiten anfallenden **Feinstäuben.** Asbeststaub zum Beispiel ist krebserzeugend, andere Stäube können sehr giftige Stoffe bis in Ihre feinsten Bronchien transportieren und dort erhebliche gesundheitliche Schäden anrichten. Sogar purer Holzstaub kann Erkrankungen der Atemwege hervorrufen. Benutzen Sie daher bei staubenden Arbeiten eine Atemmaske.

Spanplatten & Co

● Spanplatten sind aus dem modernen Innenausbau kaum noch wegzudenken. Ob die Schreibtischplatte, der neue Wohnzimmerschrank oder das Kinderbett – längst nicht nur die Hersteller preiswerter Möbel greifen auf Spanholz zurück. Doch alle mit bestimmten Aminoplasten gebundenen Spanplatten geben **Formaldehyd** an die Umgebung ab, eine Chemikalie, die zu Allergien, Kopfschmerzen und Reizungen der Atemorgane, ja sogar zu Krebs führen kann.
Seit Oktober 1986 gibt es eine gesetzliche Regelung, nach der beschichtete und unbeschichtete Spanplatten die Innenluft von Räumen mit nicht mehr als 0,1 ppm (d.h. 0,1 Teile Formaldehyd auf 1 Million Teile Luft) belasten dürfen.

- Trotz dieses Grenzwertes ist bei herkömmlichen Spanplatten Vorsicht geboten:
Da die inneren Schichten dieser Platten einen höheren Formaldehydgehalt haben können, sollte an ihnen möglichst wenig gesägt, gebohrt oder gefräst werden.
Spanplatten, die mit Zement oder Magnesit verbunden sind, enthalten weder Formaldehyd noch Holzschutzmittel, sind aber nicht ganz billig und nicht für den Möbelbau geeignet.

- In Innenräumen möglichst nur beschichtete Platten, keine „Rohspanplatten" verwenden.

- Auch hier hilft der Blaue Umweltengel: Spanplatten, Holz, Möbel, Türen und Paneele mit diesem Zeichen geben nicht mehr als 0,05 ppm Formaldehyd an die Luft der Innenräume ab.

- **Wärmedämmplatten** bestehen häufig aus FCKW-haltigen, geschäumten Kunststoffen. Doch es gibt auch, allerdings teuerere, Alternativen: Korkplatten, Filze und Weichfaserplatten.

Wenn Wohnen krank macht

Solche umwelt- und gesundheitsbewußten Renovierungsarbeiten lassen sich nicht vom einen auf den anderen Tag durchführen, vor allem nicht, wenn Sie zur Miete wohnen. Auch ist es oft schwierig, die vorhandenen, gesundheitsschädlichen Altlasten in einer Wohnung aufzuspüren. Dies ist aber sofort angezeigt, wenn sich plötzlich scheinbar unerklärliche gesundheitliche Beschwerden einstellen und Sie auch nur den Verdacht hegen, dies könnte mit Ihrer Wohnsituation in Verbindung stehen. Wenn es sich irgendwie machen läßt, ziehen Sie in diesem Fall für eine Übergangszeit von zwei bis drei Wochen aus Ihrer Wohnung aus. Wenn sich Ihre Beschwerden in dieser Zeit lindern, nach der Testzeit aber wieder auftreten, können Sie davon ausgehen, daß in Ihrer Wohnung irgendein Schadstoff »sein Unwesen treibt«. Dann empfehlen sich Raumluftmessungen und Stoffproben, um die Ursache genau zu ermitteln und die schädlichen Materialien auszutauschen. In schlimmen Fällen muß notfalls die ganze Wohnung saniert werden. Damit es nicht so weit kommt:

● Beginnen Sie frühzeitig damit, Ihre vier Wände nach wohngesunden Gesichtspunkten umzugestalten und einzurichten. Dazu gibt es viele Anlässe: die nächste Renovierung, ein Um- oder Ausbau, ein Umzug, die Neuanschaffung von Möbeln.

● Achten Sie generell beim Kauf von Möbeln, Teppichen, Paneelen und allen Gegenständen, die Sie zur Gestaltung Ihrer Wohnung verwenden, darauf, daß die Inhaltstoffe vollständig deklariert sind. Eine große Auswahl natürlicher Baustoffe und Möbel finden Sie in baubiologisch orientierten Geschäften und Märkten.

● Selbstverständlich kann man eine ganze Wohnung nicht auf einmal von Grund auf renovieren, umgestalten oder neu einrichten. Ich schlage Ihnen nachstehende Reihenfolge vor:
– Beginnen Sie auf jeden Fall mit den Kinderzimmern. Durch ihre höhere Atemfrequenz nehmen Kinder im Verhältnis zum Körpergewicht mehr Schadstoffe auf als Erwachsene. Auch verbringen Kinder einen wesentlichen Teil ihrer Zeit in ihrem Zimmer. Gerade Kinder- und Jugendzimmer sind jedoch oft mit billigen, pflegeleichten Möbeln aus formaldehydhaltigen Spanplatten eingerichtet, die die Atemluft erheblich belasten.
– Im weiteren sollten die Schlafräume besonders berücksichtigt werden.
– Ein besonderes Augenmerk ist aus gesundheitlichen Gründen auch auf feuchte Räume wie das Badezimmer zu richten. Hier bildet sich auch bei gründlichster Pflege oft Schimmel, der die

Anfälligkeit für allergische Erkrankungen steigert. Lüften Sie diese Räume häufig, am besten alle zwei Stunden für fünf bis zehn Minuten. Ein gekipptes Fenster hilft dagegen nur wenig.

Teppiche, Bodenbeläge, Tapeten

● **Synthetische Teppiche** können sich elektrostatisch aufladen und beeinträchtigen das Raumklima. Besser sind Teppiche aus pflanzlichen (Kokos, Baumwolle) oder tierischen (Wolle) Naturprodukten, die nicht mit Insektiziden oder Fungiziden behandelt wurden. Achten Sie vor allem darauf, asbest- und formaldehydfreie Ware zu bekommen. Teppichboden zieht den Staub zwar an, gibt ihn dann aber wieder ab. Für Allergiker sind Teppichböden tabu.

– Aus **PVC-Bodenbelägen** kann giftiges Vinylchlorid an die Umgebung abgegeben werden. Die Weichmacher im Kunststoff sind ein idealer Nährboden für Bakterien: besser auf Gummi- oder Linoleumbeläge ausweichen. Für Feuchträume keramische Fliesen verwenden.

– Wer Teppiche oder Böden verlegt, sollte versuchen, ohne den Einsatz von Klebstoffen auszukommen. Ungefährliche Alternativen zum großflächigen Verkleben sind loses Verlegen, Verspannen oder Nageln.
– **Tapeten** sollten den Feuchtigkeitsaustausch zwischen Wand und Innenraum nicht unterbinden, deshalb: wasserundurchlässige Materialien nicht großflächig einsetzen. Umweltfreundlich und mit dem Blauen Engel ausgezeichnet sind Rauhfasertapeten, die zu 100 Prozent aus Altpapier bestehen.

– Bei bedruckten Tapeten darauf achten, daß sie mit ungiftigen Farbstoffen hergestellt wurden, also vor allem ohne Blei und Cadmium.

Keine Tropenhölzer verwenden!

● Wer umweltbewußt denkt, hat kein Brett vor dem Kopf: zumindest nicht aus Tropenholz. Also beim Einkauf von Möbeln und Holz für Decken, Türen und Fenster darauf achten, daß es nicht aus den Tropen stammt. Denn die rasante Zerstörung der Regenwälder, aus denen diese Hölzer stammen, trägt zur Klimaverschiebung bei. Das gilt aber nicht nur für Massivholz, auch sehr viele Furniere sind aus Tropenholz. Fragen Sie Ihren Schreiner oder Möbelhändler nach einheimischen Alternativen; sie sind oft noch schöner als die Exoten.

Wärmedämmung von Innen und Außen

Durch bauliche Maßnahmen lassen sich die Bemühungen um eine **Absenkung des Energieverbrauchs beim Heizen** (siehe auch Kapitel »Heizen« Seite 99) unterstützen. Sie sind oft relativ teuer, sowohl beim Neubau, als auch beim nachträglichen Einbau. Wenn Sie zur Miete wohnen, sprechen Sie mit Ihrem Hausherren. So mancher Hausbesitzer zeigt sich nicht abgeneigt, wenn der Mieter energiesparende Maßnahmen vorschlägt und beteiligt sich sogar an der Finanzierung – schließlich steigt damit der Wert seines Hauses. Nachstehende Tips sollen eine Anregung dafür sein, was im baulichen Bereich zur Wärmedämmung alles möglich ist. Nähere Informationen erhalten Sie bei den einschlägigen Beratungsstellen von Gemeindeverwaltungen, Architektenkammern, Bauindustrie oder aus der Broschüre »Energiesparbuch für das Eigenheim« des Bundesministeriums für Raumordnung, Bauwesen und Städtebau, Bonn.

● Ein wesentlicher Teil der in der Wohnung oder im Haus vorhandenen Wärme entweicht durch die **Fenster.** Bei einem Haus, das zu 60 Prozent verglast ist (in der modernen Architektur keine Seltenheit), haben alleine die Fenster einen Anteil von 68 Prozent am gesamten Wärmeverlust. Bestehen nur 20 Prozent der Außenfläche aus Glas, beträgt der Anteil am Wärmeverlust dagegen nur 30 Prozent. Anders ausgedrückt: Bei nur einfach verglasten Fenstern macht der Wärmeverlust pro Quadratmeter im Jahr, umgerechnet auf Heizöl, rund 40 Liter aus. Haben Sie also nur 10 Quadratmeter Fensterfläche, verheizen Sie jährlich 400 Liter Heizöl für die Katz'. Lassen Sie deshalb nach Möglichkeit doppelverglaste Fenster, bei großen Flächen sogar dreifach verglaste Fenster einbauen. Darüber hinaus gibt es noch Isolierglas mit Edelgaspolster, das den Wärmedämmwert einer beidseitig verputzten, 17 Zentimeter starken Ziegelmauer hat. Mehrfachverglaste Fenster haben außerdem auch eine hohe schalldämmende Wirkung.

● In mehrfacher Hinsicht sehr wirkungsvoll ist die **Wärmedämmung an der Außenwand.** Sie kann bis zu 35 Prozent des gesamten Heizenergieverbrauches einsparen. Daneben hat der »Wintermantel für Ihr Haus« auch noch andere Vorteile:
– Das Gebäude erhält mit der neuen Wetterhaut einen verbesserten Schutz gegen Witterungseinflüsse wie zum Beispiel Schlagregen, Hagel, Schnee, Wind und Frost.
– Das Mauerwerk kann als Wärmespeicher unter der Hülle der Außendämmung die äußeren Temperaturschwankungen besser ausgleichen. Die Räume bleiben also im Sommer länger kühl, im Winter länger warm.
– Feuchtigkeits- und Frostschäden werden meist mit großer Sicherheit vermieden.
Nachteile: Materialkosten und Arbeitsaufwand sind meist mittel bis hoch, die Arbeiten können im allgemeinen nur durch Fachbetriebe ausgeführt werden.

● Billiger und vom geschickten Heimwerker in Selbstarbeit durchgeführt werden kann dagegen die **Wärmedämmung an**

den Innenwänden, die folgende Vorteile hat:
– Die Innendämmung kann abschnittsweise durchgeführt werden (z.B. nur in den Heizkörpernischen, im kalten Eckzimmer, nur an der Decke oder auch etagenweise).
– Innengedämmte Räume sind im Winter rasch aufzuheizen (großer Vorzug bei nur gelegentlich beheizten Räumen wie Gästezimmern, Hobbyräumen oder Wochenendhäusern).

Energie von der Sonne

● Wenn Sie bisher geglaubt haben, die Nutzung der Solarenergie sei nur etwas für heiße Wüstenstädte, müssen Sie jetzt umlernen. Eine Million Häuser in der Bundesrepublik könnten wirtschaftlich mit Sonnenkollektoren Warmwasser erzeugen und Heizenergie sparen – vielleicht gehört Ihr Haus ja auch dazu!.

● Übers Jahr gerechnet können mit einer Solaranlage 60 Prozent des Energiebedarfs für die Warmwasserbereitung eines Haushaltes eingespart werden, im Sommer sogar 90 bis 100 Prozent. In der Übergangszeit oder an kühlen Sommertagen kann eine Sonnenkollektoranlage auch noch zum Heizen genutzt werden. In Häusern mit Sonnenkollektoren bleibt so die Öl- oder Gasheizung vom Frühjahr bis zum Herbst ausgeschaltet.

● Der Einbau einer Sonnenkollektor-Anlage ist eine relativ teure Investition, amortisiert sich andererseits nach wenigen Jahren, weil Sie ja die Energie von der Sonne geschenkt bekommen. Auch wird der Einbau solcher Anlagen von vielen Gemeinden, von allen Bundesländern sowie von der Bundesregierung bezuschußt. Nähere Auskünfte über die Förderung erhalten Sie bei allen Finanzämtern oder Ihrem Steuerberater. Über die technischen Möglichkeiten, Ihr Haus mit einer Solaranlage auszurüsten, geben Ihnen die Fachbetriebe Auskunft. Adressen erhalten Sie über die Handwerkskammern.

● Sonnenenergie kann jedoch auch im kleinen genutzt werden, ohne aufwendige Investitionen und Umbauten. Haben Sie zum Beispiel schon einmal daran gedacht, Ihre Veranda oder einen Teil davon zu verglasen? **Wintergärten** sind die preiswertesten Sonnenkollektoren.

● Doch es geht noch einfacher. Folgende Geräte gibt es mit Solarzellen, die die teuren und umweltunverträglichen Batterien oder Knopfzellen überflüssig machen: Uhren, Taschenrechner, Taschenlampen, Ventilatoren und Teichpumpen. Sehr energiesparend sind auch **Batterieladegeräte** mit Solarzellen für wiederaufladbare Batterien.